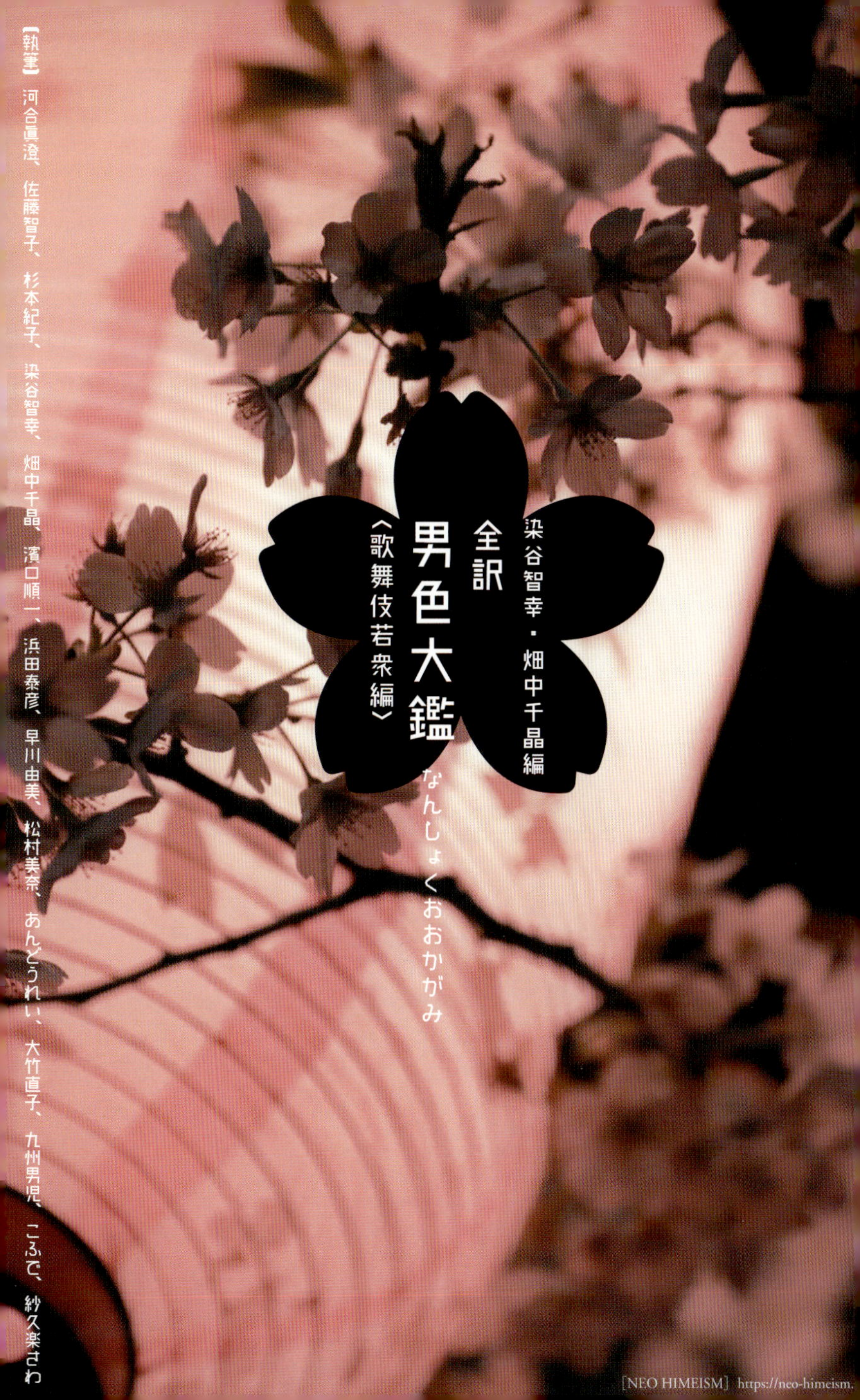
染谷智幸・畑中千晶編
全訳
男色大鑑《なんしょくおおかがみ》
〈歌舞伎若衆編〉
【執筆】河合眞澄、佐藤智子、杉本紀子、染谷智幸、畑中千晶、濱口順一、浜田泰彦、早川由美、松村美奈、あんどうれい、大竹直子、九州男児、こふで、紗久楽さわ
[NEO HIMEISM] https://neo-himeism.

あなたの心が今、求めているのはどの若衆？

衆門の十哲

start!

- 素直な子が好き → Yes: 大人の分別なんていらない / No: 多少あざとくてもよい
- 大人の分別なんていらない → Yes: ― / No: 身綺麗な子が好き
- 多少あざとくてもよい → Yes: 身綺麗な子が好き / No: 情愛豊かであることが必須条件
- 身綺麗な子が好き → Yes: ― / No: 運命の恋はあると思う
- 情愛豊かであることが必須条件 → Yes: 運命の恋はあると思う / No: どんな男でも堕とせるなんて最高
- 運命の恋はあると思う → Yes: ― / No: メガネ男子に弱い
- メガネ男子に弱い → Yes: 松嶋半弥 / No: 流行には乗るほうだ
- 流行には乗るほうだ → Yes: 上村吉弥（初代） / No: どんな男でも堕とせるなんて最高
- どんな男でも堕とせるなんて最高 → Yes: 玉川千之丞 / No: 「美僧」はパワーワードだ
- 「美僧」はパワーワードだ → Yes: 玉川主膳 / No: 松嶋半弥

← Yes
← No

松嶋半弥《まつしまはんや》

知性と色香のインテリ若衆、男の人生を狂わす。

→巻7の2（125ページ）

上村吉弥《うえむらきちや》（初代）

自ら創案の吉弥帯が大人気。ハイセンス若衆。

→巻6の4（94ページ）

玉川千之丞《たまがわせんのじょう》

小悪魔若衆vs元カレの対決やいかに？

→巻5の3（39ページ）

玉川主膳《たまがわしゅぜん》

浮世を捨てた美僧が、恋も情けも葬り去る。

→巻5の4（50ページ）

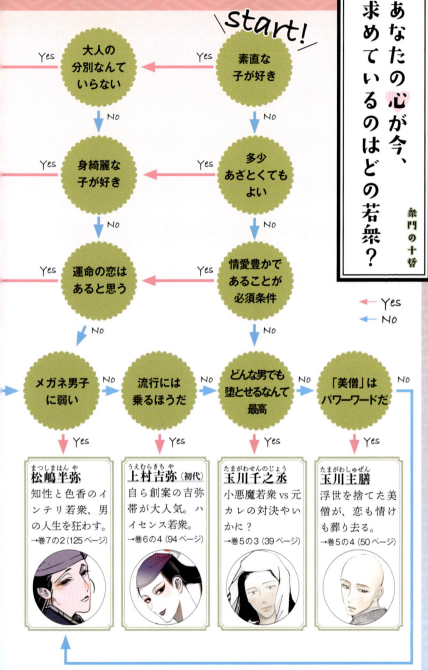

上村辰弥(うえむらたつや)
客の戯れ言に親指さえ落とす。気の強さが西鶴好み。
→巻8の4（199ページ）

← Yes ─ 性格のキツさに痺れたい

岡田左馬之助(おかださまのすけ)
愛されキャラも自己演出しちゃう、入れ墨のないツルツル男子。
→巻7の5（154ページ）

← Yes ─ 守られるよりも守りたい

小桜千之助(こざくらせんのすけ)
「演ずる恋」の巧者が「真実の恋」に目覚めた。尊すぎる美少年。
→巻6の2（77ページ）

← Yes ─ 女より色っぽい「男の娘」が好きだ

藤村初太夫(ふじむらはつだゆう)
運命の相手に尽くす一途な若衆。
→巻5の1（16ページ）

← Yes ─ 一途な恋に身を焦がしたい

鈴木平八(すずきへいはち)
舞台に上がれば皆が酔う。憑依体質の夢見がち男子。
→巻6の5（102ページ）

← Yes ─ 美少年は死ぬべき

玉村吉弥(たまむらきちや)
月代×月代。一途な兄分に巡り会えたラッキーボーイ。
→巻5の5（58ページ）

← Yes ─ ハッピーエンドが好き

藤村初太夫（巻5の1）
▼16ページ

松嶋半弥（巻7の2）
▼125ページ

illustrated by こふで

illustrated by 九州男児

玉川主膳（巻5の4）
▼50ページ

玉川千之丞（巻5の3）
▼39ページ

小桜千之助（巻6の2）
▼77ページ

岡田左馬之助（巻7の5）
▼154ページ

illustrated by
あんどうれい

illustrated by 紗久楽さわ

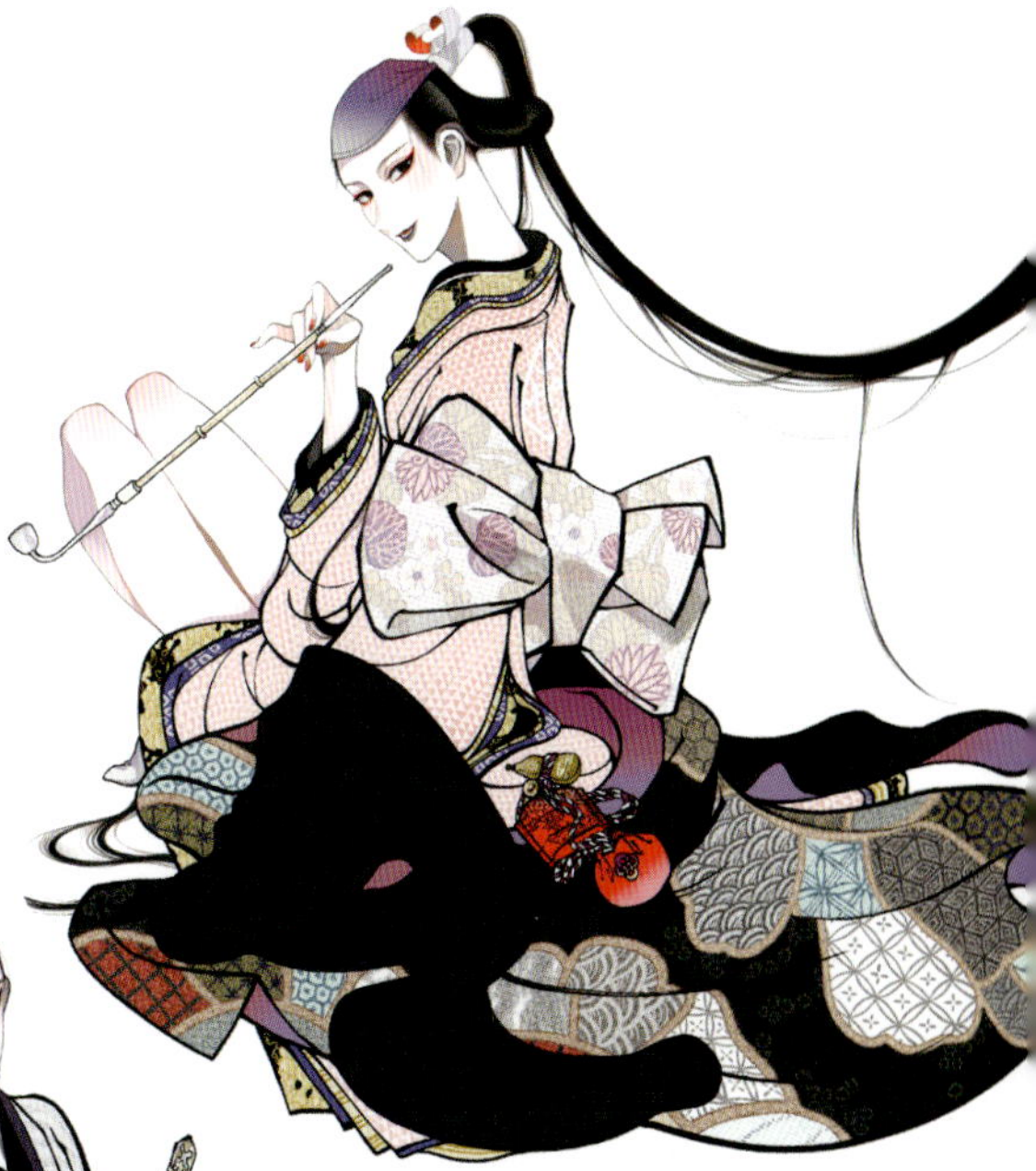

初代、上村吉弥（巻6の4）

▼94ページ

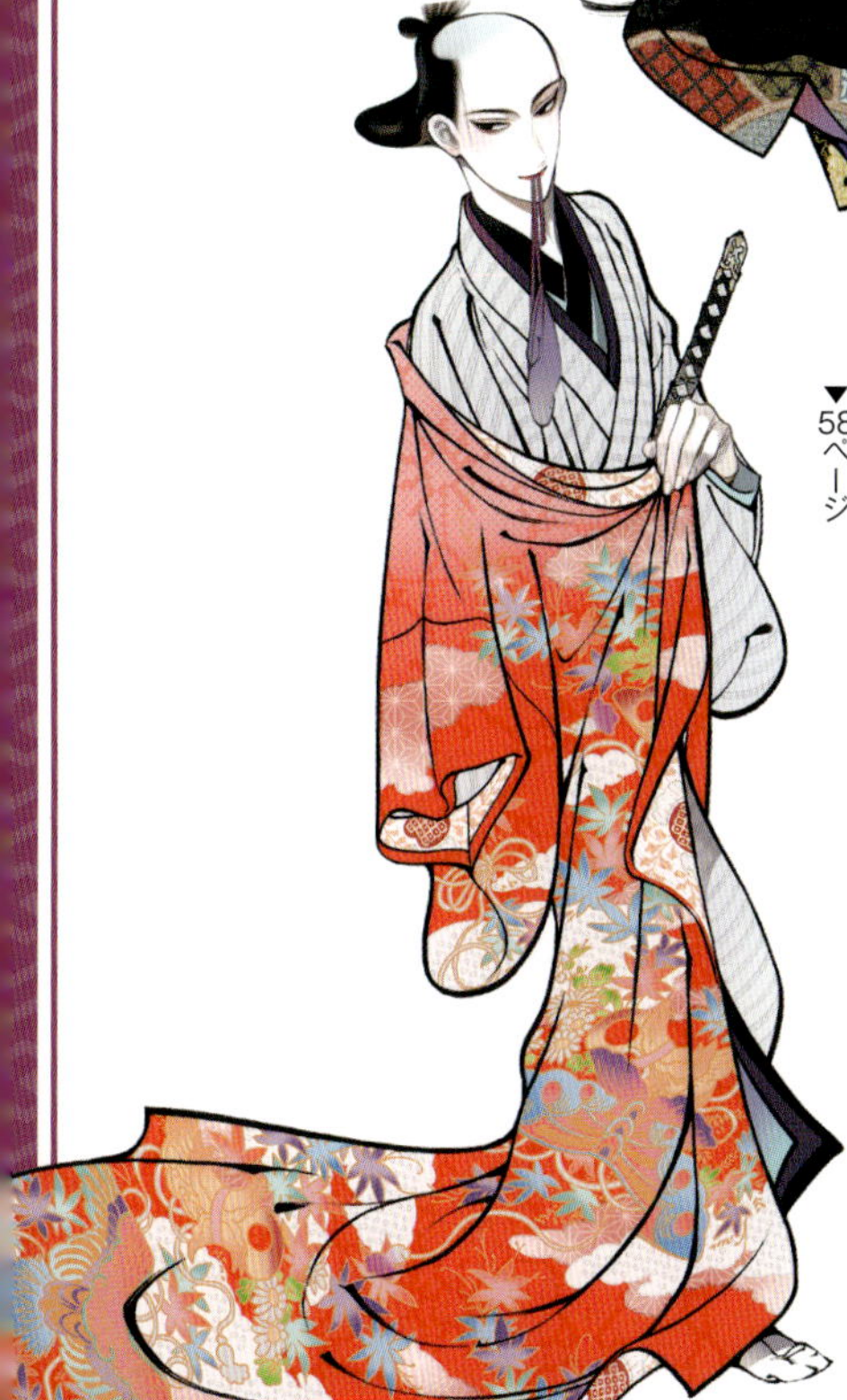

玉村吉弥（巻5の5）

▼58ページ

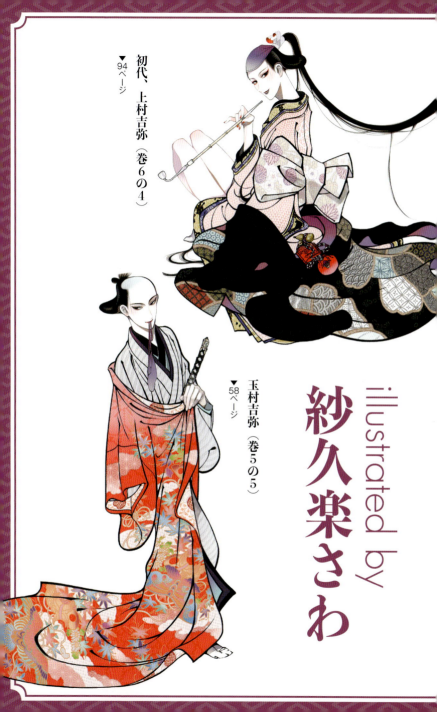

illustrated by 大竹直子

上村辰弥（巻8の4）

▼199ページ

鈴木平八（巻6の5）

▼102ページ

若衆10人のキャラ分析グラフ

純真無垢
手練れ
甘口
辛口
小桜千之助
初めて恋を知りました
→77ページ
鈴木平八
あの娘に憑り殺される！
→102ページ
藤村初太夫
兄様だけをお慕いします
→16ページ
上村辰弥
漢《おとこ》なら親指だって切るさ
→199ページ
西鶴イチ推し♥
玉川主膳
もう恋は忘れました
→50ページ
上村吉弥
マイブランドを持っています
→94ページ
玉村吉弥
振袖姿をお見せしようか
→58ページ
岡田左馬之助
ぼく、涙もろくって…
→154ページ
玉川千之丞
凍えた手足を温めてあげたい
→39ページ
松嶋半弥
この脇差が私の形見です
→125ページ

もくじ

もくじ

巻日

巻頭言

「殺《こ》じをれ！」のオレ様若衆図鑑

……染谷智幸

ちまたでは「推し」という言葉が流行ってます。

「一推し」「推しメン」「推しキャラ」「箱推し」などなど……。

江戸時代の歌舞伎界において、この「推し」の役者に贈る最高の賛辞が何だったか知っていますか。それは「殺じをれ」（いっそ、殺してくれ）でした。

この言葉は、井原西鶴《いはらさいかく》が書いた歌舞伎評判記『難波《なにわ》の㒵《かお》は伊勢《いせ》の白粉《おしろい》』に、自ら一推しの若衆《わかしゅ》・上村辰弥《うえむらたつや》を評したところに出てきます。

ころじをれ、目もとの海より見物満ちて、今一度出せ出せ……

（いっそのこと殺してくれと、その美しい目元に心射ぬかれた見物客どもが満ち満ちて、舞台の袖に辰弥が引っ込めば、もう一度、舞台に出せ！　出せ！　と……）

つまり、辰弥の美しさに狂った観客が、皆「殺じをれ！」と叫んだのです。こうしたことは辰弥に限ったことではありません。当時、推しの役者を「人殺し」といいました。『男色大鑑』後半に、この言葉はけっこう出てきます。

・「さしかけ傘下行く御風情、これは今の世の人殺し」

（悠然と草履取りがさしかけた傘の下をゆく平井しづまの風情は、今の世の人殺しともいうべきも

のであった）
（巻五の二「命乞ひは三津寺の八幡」）

・「いよういよう、千さま、千之助様、万人の中にも又とござるまい。今の世の人殺しめ、生きながら墓へやらるるは」
（いよー、いよー、千様、小桜千之助様！　万人の中にも二人とござるまいよ。今の世の人殺しめ。生きたまま墓場へ連れてかれるじゃないか）

（巻六の二「姿は連理の小桜」）

図①　十七世紀中ごろの若衆歌舞伎興行の姿（竹内誠編『江戸名所図屏風の世界』岩波書店、1992 年より）

役者と客がなぜこんな濃密な関係になるかといえば、それは両者が多く「床《とこ》入《い》り」（肉体関係）したことに加えて、芝居小屋（歌舞伎の劇場）という空間が、役者と客が密着しながら溶け合う坩堝《るつぼ》のようだったからです。この芝居小屋を想像する際、現代の歌舞伎座や国立劇場のような場所を思い浮かべてはいけません。そうしたものとは、およそかけ離れた、まさに小屋だったのです。今でいえば、五十人ぐらいが入る場末《ばすえ》のストリップ小屋に二〇〇人が雪崩《なだれ》れ込んだとご想像ください（図①）。

この密集空間では誰もがバランス感覚を失います。『男色大鑑』の後半では、そうした感覚を失ってフラフラになった男女がたくさん登場しますが、その後半で最もバランス感覚を崩しているのは、当の西鶴自身です。

西鶴といえば、明治以降の小説家や評論家からリアリストなどと呼ばれ、冷徹な眼差《まなざ》しで人間の欲望や社会の暗部を暴露したと評価されてきたのですが、そうした西鶴は『男色大鑑』後半のどこを探しても見当たりません。そこにいるのは、若衆に完全にのぼせ上がった一人の爺《じい》さんです（ちなみに西鶴は一般的には「鶴翁《かくおう》」〔『好色一代男』跋文《ばつぶん》など〕と呼ばれましたが、『男色大鑑』後半での西鶴はそんな格調高くないので「鶴爺《つるじい》」と呼んだ方がよいですね。髪もありませんから。失礼！）。

その西鶴、作品中で作家にあるまじき禁じ手を使ってしまいます。それは、『男色大鑑』の作品中に、あろうことか作者本人が頻繁にしゃしゃり出て来るのです。

たとえば、巻六の五「京へ見せいで残り多いもの」では、技芸・容色ともに優れた鈴木平八に熱狂し、芝居を見ながら失神してしまった娘が登場しますが、なんと西鶴は、自らその場に助けに入り、俄《にわか》医者となって、薬だ何だと場を取り仕切ります。そんな舞台というか作品内に飛び出したことへの言い訳として「この道すきものの我なれば」（歌舞伎に関してはほかの誰よりも通じている私なので）と言います。いくら詳しいからといって、作品内に飛び出してはいけません。それじゃ、まるで舞台監督が、下手な役者に替わって自分で演技してしまうようなものですから。

また、巻六の二「姿は連理の小桜」では、美貌《びぼう》の若衆・小桜千之助が麗しい口元から色っぽく口上《こうじょう》を述べようとした場面で、西鶴は芝居の客たちに向かって「ここが聞き所じゃ、黙れ！」と一喝します。恐らく、西鶴は実際の芝居で、観客の声がうるさくて千之助の口上が聞き取れなかったということがあったのでしょう。でも、一喝されて驚くのは、もちろん観客ではなく、いきなり作者に怒鳴《どな》られた読者の方です。

どうも西鶴は「すきもの」ゆえでしょうか、興奮しすぎて、今の自分が、客席にいるのか、原稿の前にいるのかわからなくなっています。

こうした西鶴のオレオレの姿勢が極まったと思われるのが、『男色大鑑』後半の挿絵です。全二十章のうち三章の挿絵に西鶴本人が登場します（こんなことは、ほかの西鶴作品にはありません！）。驚くべきは、その西鶴の描かれ方です。次に掲出したのは、『男色大鑑』最終章の巻八の五の挿絵（部分）です。元禄歌舞伎を代表する役者で、その美貌をもとに女性から圧倒的な人気を得ていた大和屋甚兵衛、その左隣に坊主頭の西鶴が立っています（図②）。

ご覧になっておわかりでしょう。この西鶴、実によい男ぶりに描かれています。それは隣の甚兵衛がかすんでしまうほど。実際の西鶴がどんな容貌であったのかは定かではありませんが、現存する肖像画などからすれば、こんなによい男でないことだけは明らかです。私は、西鶴が絵師に向かって「オレを格好よく書け」と迫ったに違いないと見ています。

図②　挿絵に登場する西鶴（左）

こうした西鶴のオレ様ぶりは、若衆の描き方にもよく出ています。その中でも特に注目すべきは、先にも触れた、西鶴一推しの若衆、上村辰弥ですが、これは早川由美さんの優れた解説が巻末に備わっていますので、そちらに譲りましょう。

いずれにせよ、『男色大鑑』後半は、西鶴がオレ様全開で描き尽くした歌舞伎若衆図鑑です。さすが西鶴だけあって、この世界の喜怒哀楽、栄枯浮沈《えいこふちん》をうまく描き出しています。よって、現代の我々がこの世界に入るなら、「素敵な若衆やーい」でなく、西鶴以上にオレ様然として「オレを殺せるほどの若衆出てこいやー」と叫ばなくてはなりません。

さあ、いずれもさまも、ご贔屓《ひいき》さまも。東西《トザイ》、東西《トーザイ》！

【お読みになるまえに】

こんな現代語訳を目指しました

- 読者のみなさんが、違和感なく、楽しく読み通すことのできる現代語訳
- 漫画家陣による豪華カラー口絵&挿絵で、西鶴の世界をビジュアルに表現
- 生活用品や風俗など、図やイラストでビジュアルに解説
- 原文に引用される和歌は全文を本文中か注に明示し、かつ、できる限り現代語訳をつけた

こんな「目玉」があります

- 読者のみなさんが自分好みの歌舞伎若衆に早く出会えるように、マッチング用チャート「あなたの心が今、求めているのはどの若衆？——衆門の十哲」と、キャラクター分析一覧「若衆10人のキャラ分析グラフ」を用意
- すべての章にキャッチコピー&あらすじ付き
- あらすじは、単なる要約ではなくてミニ解説の役割もあり
- 「西鶴の推し若衆ナンバーワン上村辰弥」「若衆を知らずして歌舞伎を語るなかれ—歌舞伎の歴史と若衆—」の解説、並びに「歌舞伎の『ほめことば』」のコラムあり
- 西鶴当時の歌舞伎が体感できる資料「歌舞伎役者の活躍時期一覧」「歌舞伎役者の役柄説明」「当時の舞台はどんな構造？」「京都図」「大阪図」付き

※各話の代表的歌舞伎役者をゴシックで示しました。資料「歌舞伎役者（代表的）の活躍時期一覧」（233ページ）に掲げた人物です。
※本書掲載の西鶴作品の挿絵は、染谷智幸・加藤裕一監修「西鶴浮世草子全挿絵画像CD」（『西鶴と浮世草子研究』第一号付録、笠間書院、二〇〇六年）によります。

全訳　男色大鑑〈歌舞伎若衆編〉

開幕！

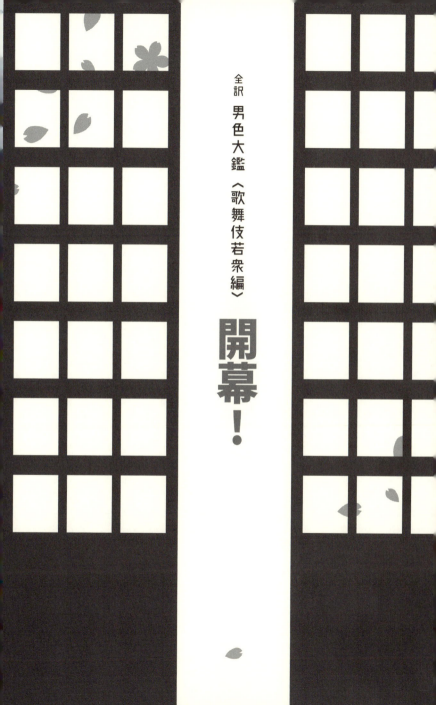

巻5

Photo by TOMOKO UJI on Unsplash

1 涙《なみだ》の種は紙見世《かみみせ》

ラブストーリーは突然に

《あらすじ》
歌舞伎若衆編の巻頭《かんとう》を飾る一章。江戸に幕府が開かれてから半世紀となる慶安五年（一六五

二）、世の風俗を乱したという咎《とが》を受けて若衆歌舞伎が禁止された。芝居関係者は、その逆境をバネとして写実的な世界を舞台に上げる野郎歌舞伎をスタートさせる。当時の言葉でいえば「ものまね」「狂言尽《づ》くし」。現代にまで続く、歌舞伎の祖形《そけい》が作られた時代であった。

本章は、その時代に活躍した藤村初太夫《ふじむらはつだゆう》の話である。前半の武士編とのつながりを意識してか、メンツにこだわる男たちの、ちょっとした喧嘩《けんか》の話を仕組ませた。すなわち、初太夫の持っていた桜を奪おうとした狼藉者《ろうぜきもの》（乱暴者）の前に、美貌《びぼう》の風流男《やさおとこ》が登場し、その喧嘩を見事さばいてみせたのであった。まるで芝居の一幕を見ているかのような、胸のすくような展開である。ところがこの風流男、いきなり初太夫の前に現れ、初太夫の恋心に火をつけたと思いきや、ある日忽然《こつぜん》と姿を消してしまう。初太夫の恋やいかに……。

「今の京都では何が流行《はや》っておりますのや」

と問うと、

「そりゃ、倹約をして銀《かね》をためることでしょうな」

と答える。ま、そいつは常の話で、今にはじまったことではない。

ちょっと古い話だが、若衆歌舞伎が禁止された後に、村山又兵衛《むらやままたべえ》▼注[1]が老若男女、貴賤を越えて世俗の姿を映し出す「ものまね」を「狂言尽《づ》くし」という形で再度、芝居小屋を立ち上げたことがあった。いずれは女方の主役ともなろう美貌《びぼう》の少年俳優たちをたくさん集めては、大いに気勢《きせい》が上がったものだ。そんな歌舞伎が復活した、承応二年（一六五三）のころといえば、都でも舞台に上がる少年俳優との夜の遊びはまだまだ少ないもので、一夜の揚代《あげだい》も、金一分（二万円）と相場は決まっていて、今の時代の飛子《とびこ》（陰間《かげま》）▼注[2]と同じように客をとったのである。

ところが、誰がはじめたのであろうか、立女方《たておやま》をはじめとして、一座すべての役者を東山《ひがしやま》へ遊山《ゆさん》に連れ出して、そこで馳走しては、その後銀五両（約二万八六〇〇円）を揚代としたのである。すべてにわたって気楽な世の中だったわけで、草履《ぞうり》取りにも豆板銀《まめいたぎん》二匁《もんめ》（二六六〇円）を与え、茶屋へは銀二両（約一万一五〇〇円）を勘定として払うということなので、芝居が終わってから夜が明けるまで若衆を独り占めできたのである。若衆のことを「子ども」というけれど、そのころの若衆は本当の子どもで、勤めという意識もなく、なじみとなり関係が深くなっても、別に金が欲しいというようなことをいい出すこともなく、玩具として飛人形《とびにんぎょう》▼注[3]や、または染め分けした手ぬぐい、歯磨き粉、せいぜいのところ銀四、五分（六五〇円程度）の物をやればうれしがっていたものだ。

ところがある年、京都妙心寺《みょうしんじ》を開いた関山慧玄《かんざんえげん》禅師▼注[4]の三五〇年忌法要の折に、諸国諸寺の裕福な僧侶たちが京都に到着して、法要を済ませた後に、歌舞伎小屋の立ち並ぶ四条河原《しじょうがわら》を見物したことがあった。田舎ではめったに見ることのできない美少年ばかりなので、目は奪われ、心も鷲掴《わしづか》みにされたのだろう、僧侶たちは、すべての持ち金をなげうって役者を買い漁《あさ》りはじめた。そのおかげで、前髪があり、目と鼻さえついていれば、もう誰でもよいということになって、少年たちは一日とて暇がなくなってしまった。こんな需要に応えてか、このときより、昼と夜に分けて少年たちを売るようになり、花代《はなだい》（料金）も舞台に出る若衆は銀一枚、すなわち銀四十三匁（約五万七〇〇〇円）ということになった。この坊主たちは、限られた日数だから金に糸目をつけずに遊びまくったのだろうが、それで花代がめっぽう上がってしまったのだから、今の世の中の遊び人たちにとっては、えらい迷惑なことになったのである。

さて、その京都芝居中興の祖、村山又兵衛の村山座に、まさに花盛りの美しさで評判を取った**藤村初太夫**《ふじむらはつだゆう》▼注[5]がいた。美貌はもちろんのこと、現代風の舞踊を得意として、たった一度でも初太夫の舞い姿を見た人は、皆心を奪われてしまった。その初太夫がある日、東山の桜狩《さくらが》りに出かけた折の話である。初太夫は、葉まで▼注[6]美しいといわれる塩釜桜《しおがまさくら》の一枝《ひとえだ》を、かつて多くの雅びな人々が藤や花を手折ってそうしたように「まだ美しい桜を見ていない方々のために」という優しい気持ちで手折って持ち帰ろうとした。

その帰途、神楽岡《かぐらおか》の近くにいささか派手に着飾った男たちが集まり、真昼間《まっぴるま》から酒盛りをしていた。夕日が傾くと、男たちは早くも幕を畳んだ。そして、その夕日が映ったかのように赤くなった顔をさらすと、他人が見ているのもかまわずに、提重《さげじゅう》（携帯用の重箱）でさらに酒を飲み交わした。それはまるで喧嘩《けんか》をしているかのような大騒ぎであった。その中の一人に、風流なことなどまったく解さない野暮天の男がいて、初太夫の翳《かざ》していた桜を見とがめると、初太夫に近づいて来て、

「その花をいただこう、酒の肴がちょうど尽きたところだ。酢味噌で和《あ》え物にでもしていただくか」

といった。初太夫は、

「なるほど、花に嵐とはよくいったものです。人間の手で折って帰るのでさえ心ないことと、自らの所業を悔やんでおりましたのに、まして酢味噌で食べるなどひどい物言いです。花はさらさら惜しくもありませんが、所望《しょもう》の言い草が気に入りません。差し上げるわけにはいきませぬ」

といい捨てて通ろうとしたところ、野暮男は、

「このままでは男がすたるというものだ。なんとしてももぎ取ってやろう」

とすごんだ。しかし、花を渡せば今度は初太夫も若衆の名がすたる。ここに至って、命を懸ける一大事となってしまった。

それを見ていた牛牽《うしひ》きは、牛車の牛を引き止め、駕籠《かご》かきは駕籠を降ろしながら、口を揃《そろ》えたように、

「おいおい、天下の京都でも、こんな横車《よこぐるま》が通るのか」

と言うと、往来の人間が山をなすように集まって、この事件の行く末がどうなるのかを、皆はらはらしながら見守った。初太夫の供をしていた火神鳴《ひかみなり》の久蔵という草履取りは、一命を捨てる覚悟はしたものの、血気に逸《はや》って喧嘩となれば、多勢に無勢、初太夫の身に何かあっては取

り返しがつかぬと案じて、無念ながらも我慢をしていた。そして、この群衆の中に知った顔でもいれば、初太夫を預けた上で、大勢を相手に一太刀《ひとたち》交えようと考えていた。

　そんな折に、いかにも優しげで姿の端正な男が▼注[7]静かに初太夫に近づいて来た。その男は、下着は共裾《ともすそ》、つまり裾回しに表の生地《きじ》と同じ紫色の縮緬《ちりめん》を使い、上着は表裏ともに光沢のある黒《くろ》羽二重《はぶたえ》、胸には色取りどりの糸で縫い取った小さな人形の紋（加賀紋）をつけ、京の染師、鶴《つる》屋宗伝《やそうでん》のはじめた唐茶色《からちゃいろ》▼注[8]の芯のない柔らかな畳帯《たたみおび》をしめ、印籠《いんろう》▼注[9]の根付《ねつけ》につけた二つ珊瑚珠《さんごじゅ》は実に美しく、鮫皮《さめがわ》を施した大脇差《わきざし》を差し、素足でわら草履を履き、後ろより髭《ひげ》なし奴《やっこ》を従えて、替え雪踏《せった》、樫《かし》の木の角杖《かくづえ》を持たせていた。

　この男は初太夫と野暮男の様子を窺《うかが》いながら、

「ここは私めが取り持ちをいたしましょう。お若衆、どうにでも譲れといわれた桜ですが、後はどうなるかは考えずに、まずは渡されるのがよいでしょう」

と、初太夫に向かってさまざまに説得をした。初太夫は少しいらだっている様子だったが、その男の言葉に逆らわず、そのまま桜を野暮男に渡した。

　乱暴な野暮男は、

「へっへ、これで酢味噌の桜が食べられるぞ」

と、桜を持っていくところを、二人の取り持ちをした風流男《やさおとこ》は、野暮男の袖を引きながら、

「その桜、そのままこちらへもらい受けましょう」

といった。

「何だと。たった今、受け取ったばかりで、桜に移った若衆のぬくもりも冷めぬうちに、無理難題をふっかけおって」

と、少し気色ばんだところ、風流男は少しも動じることなく、

「無理というなら、お前の先の所業こそ無理難題ではないか。今の都にはこのような無理が横行《はや》るのであろうよ。おのれはその桜を自らの首に替えるのか！」

といえば、野暮男は急に怖くなったのか、桜を返した。最初の勢いとは違って見苦しい姿であった。

風流男は、桜を初太夫に返すと、先の野暮男をとらえて、

「いいたいことがあるのだろうが、ひどく酔っているようだから、別の日の酒が抜けているときに、私を訪ねよ。そのときにその恨みを晴らすがよい」

と懐から石筆《せきひつ》▼注[10]を取り出して住所を確かに書き、いろはの十郎右衛門《じゅうろうえもん》と名まで記して男に渡した。

「なるほど。これはこれは。実に落ち着いた振る舞いじゃないか」

と、このやりとりを見ていた群衆は皆、この風流男を褒《ほ》めたたえた。

そんな、行き掛かりの出来事ではあったが、初太夫にしてはうれしくて忘れることができなかった。初太夫は、その夜から客を取ることを止めてしまい、東《ひがし》の洞院《とういん》通り▼注[11]にある十郎右衛門の宿へ忍んで行った。そして「万一、先ほどの野暮男やその一味が、徒党をなして十郎右衛門

殿のところへ斬《き》り込んで来るなら、この私が先に立って、一命を捨てても十郎右衛門殿を守ってみせようぞ」と思い定めたのだが、その志は自然と十郎右衛門にも通じて、十郎右衛門も初太夫のことを、なおさら見捨てられぬ思いとなった。かの馬鹿な野暮男も、その後は一切音沙《おとさ》汰《た》がなかった。

その後は心も落ち着くと、二人は自然に衆道の縁となり、互いに深く愛し合う身となった。そして二年あまりの間には、普通にはできそうもない、人もうらやむような戯れをし、また別れ際には数々の固めの約束もした。そうなると十郎右衛門はほかの男色女色は一切受け入れず、ただただ初太夫のみに打ち込むこととなった。

ところがそうした行為によって、一門の親戚たちから見放された十郎右衛門は、身の置き所がなくなると、日ごろから不仲だった継母に恨み事を一通りしたためてから行方をくらませてしまった。▼注[12]初太夫はこのことを深く嘆いて、多くの神々に祈り、行方を探したけれども、ついにわからなかった。

初太夫は、このことを思い煩《わずら》って舞台に立つ気も起こらずに引き籠《こ》もると、美しかった姿も別人のようにやつれてしまった。初太夫はこうしたいきさつを、興行主の親方に正直に話をすると、親方も理解をして初太夫に暇《いとま》を出すこととなった。

初太夫は、まずは人・物・情報が集まる大阪へ行き、その裏町に住みはじめた。すると次第に気分もよくなって、世間体も考えながら、紙を売る商売をして、その年を越したのであった。

その大阪の初太夫が住むところに、昔からのよしみの役者が訪ねた。そして、「出家するわけでもなく、四条河原の役者勤めもやめてしまったのは、一体どんな料簡《りょうけん》なのかい」

と尋ねた。すると初太夫は、

「私の黒髪が惜しいということではありません。私には愛する方がおりまして、もしその方がこの姿を見たいとお思いになるのなら、一目お見せしたいと考えているからでございます。それが済めばこの髪は即座に剃り捨てようと考えておりますが、今までこうして愛する人を待っていてもどこにいらっしゃるのかもわからず仕舞《じまい》です。その話を愛する方にする前に、人にこうして理由を聞かれて口惜しい限りです」

といって、その場で元結《もとゆい》を切り払い、十九歳で出家することとなったのは、なんとも惜しいことであった。

それから初太夫は高野山《こうやさん》に隠れ住み、都の知人が訪ねて来ても、誰とも会わなかった。朝は谷から水を汲みあげて、夕べには落葉を掻《か》き集めては火を焚《た》き、仏道修行に専心していた。

だが、一年あまり経ったある日、恋い焦がれていた十郎右衛門が、丹後国《たんごのくに》（現在の京都府北部）の天《あま》の橋立《はしだて》というところで行き倒れになったとの知らせを受けた。そして哀れなことに、松よりほかに知る人のない島崎という地で亡くなったことを、はるか後になってから初太夫は知ったのであった。

初太夫はすぐにその場所を訪ね、七日の間、供養を続けると、その後は浮世を捨てて、再び人に会うことはなかったという。

▼注

[1] 村山又兵衛――承応から延宝にかけて京で座元として活動した役者。村山又兵衛の一座は、承応元年（一六五二）の若衆歌舞伎禁止後、公儀に嘆願し、物真似・狂言尽くしの名目で再開を許可されたことから、京都芝居中興の祖とされる。

[2] 飛子（陰間）――陰間は、売色を主にした役者・若衆、あるいは舞台に上がる前の若衆で売色する者をいう。飛子は諸国を旅して売色した若衆、旅子ともいう。

[3] 飛人形――小さい割竹《わりたけ》などの台の上に張子の人形を取り付け、台の下に竹串などでこさえたバネを仕掛け、跳び上がるように仕掛けした玩具。いわゆる「とんだりはねたり」。図①（川崎巨泉『巨泉玩具帖』大阪府立図書館Eコレクション）。

[4] 関山慧玄――一二七七～一三六一年。鎌倉時代～室町時代初期にかけて活躍した高徳の禅僧。後醍醐天皇や花園天皇に法を説いた。妙心寺の開山の祖。

[5] 藤村初太夫――万治三年に刊行された京都の歌舞伎評判記『野郎虫《やろうむし》』に村山座の花形役者として登場する藤《ふじ》村半太夫《むらはんだゆう》のことである。初太夫は初名《しょめい》（最初に舞台に登場した折の芸名）であろう。『野郎虫』の本文中に「村山の山がしら」と紹介され、挿絵にも最も手前に映し出さされていることからすれば、村山座を代表する役者であったと考えられる。本作巻七の一には「藤村半太夫」の名で登場する。図②（『野郎虫』国立国会図書館デジタルコレクション）。

[6] 葉まで――「葉まで」は「浜で」に掛けてある。塩釜は製塩に使用する釜のことで、主に海岸での作業であった。また塩釜桜は八重桜で葉と相まって白く咲く。その美しさを塩田に結晶した塩の白さに重ねた表現。

[7] いかにも……端正な男――のちに名が明かされる、いろはの十郎右衛門のこと。本文中では、「色取りどりの

糸で縫い取った小さな人形の紋（加賀紋）」をつけていると描写されるが、挿絵では梅鉢（もしくは六つ星）の紋をつけている。初太夫（半太夫）と同じ村山座に、梅鉢を定紋とする櫻井七三郎《さくらいしちさぶろう》がいたが、もしかすると初太夫と七三郎がともに出演する歌舞伎があり、その面影を託す形で挿絵が描かれたか。

［8］唐茶色——京の染物師鶴屋宗伝が生みだした枯葉色のような茶色。

［9］印籠——名前が示すように、元来は印判、印肉を入れるためのものであったが、実際には薬を入れるか、または何も入れずに腰に提げた。ほかに巾着などを提げることもある。印籠、巾着の紐の先には根付《ねつけ》という細工物を付け、腰に留めやすくする。印籠、巾着、根付のいずれも、スタイルを完成させるのに必要な一種の装身具であり、持ち主のセンスを端的に示すものとして機能していた。図③（『守貞謾稿《もりさだまんこう》』後集巻之四、国立国会図書館デジタルコレクション）。

［10］石筆——蝋石《ろうせき》を加工して鉛筆状に作ったもの。図④（『和漢三才図会《わかんさんさいずえ》』国立国会図書館デジタルコレクション）。

［11］東の洞院通り——御所の南にある南北の通り（京都図、236ページ参照）。

［12］行方をくらませた十郎右衛門——十郎右衛門は東の洞院に住んでいたことから、由緒ある裕福な町人であったと考えられる。そうした立場では、ことさら一門、親戚からの目が厳しかったと想像される。それは、『好色《こうしょく》一代男《いちだいおとこ》』巻五の一の吉野《よしの》と世之介《よのすけ》の結婚という話の背景にもなった、遊女吉野（二代目）と豪商灰屋紹益《はいやしょうえき》との結婚の話と同じである（灰屋紹益は、遊女吉野との結婚に親戚一門から反対された）。加えて、本来なら十郎右衛門を守るはずの身内が継母とその関係者で占められていたとすれば、身の置き所がなくなるのは当然だったとも考えられる。ちなみに、この話が本作の巻五の一に置かれているのは、『一代男』を意識しての配慮だった可能性がある。本作は巻一の一に「なんぞ好色一代男とて、多くの金銀諸々の女についやしぬ。ただ遊興は男色ぞかし」とあるなど、『一代男』を強く意識していた記述が散見されるからである。

図①

図②

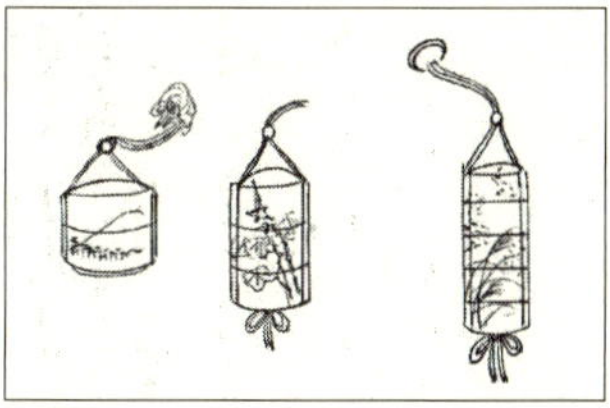

図③

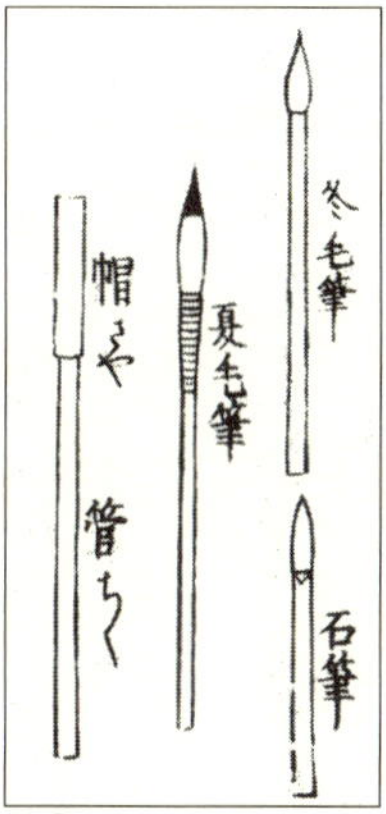

図④

2 命乞ひは三津寺《みつでら》の八幡《はちまん》

白梅の蕾《つぼみ》のような若衆が、命と引き換えに示した真《まこと》の情けとは

《あらすじ》

若衆歌舞伎の時代は、役者の衣装も、客と役者との付き合い方も、実に素朴なものだったから、何かにつけて現代の方が面白いに決まっている。とはいえ、そのころの絶世の美少年、平井《ひらい》しづまについては、真《まこと》の情けを知る若衆として語り継ぐべきであろう。

あるとき、しづまに惚《ほ》れて今にも死にそうな一人娘のために、役者遊びなどまったくしそうにない、けちで洒落心の欠片《かけら》もない親仁《おやじ》が、一《ひと》芝居打った。というのは、息子に会わせるなどと嘘をついて、実は娘をしづまに引き合わせたのだ。「もし、ここでキッパリと断ったら、娘の病状はもっと悪くなるかも」と思い悩むしづま。そして、衆道にあるまじき振る舞いと知りつつも、しづまは娘の思いを晴らしてやることを選ぶ。だが翌朝、娘は息を引き取り、その存《ぞん》念《ねん》が取りついたのか、娘の初七日に遺品に触れて以降、しづまも魂が抜けたようになり、役者として大成するときを待たずに、白梅の蕾のようなその命を惜しくも散らしたのであった。

今の時代というのは、なんとまあ、昔とは変わってしまったものだろう。ここ難波《なにわ》の昔といえば、京都から下ってきた太夫蔵人《たゆうくろうず》▼注[1]や出雲《いずも》の阿国《おくに》▼注[2]などの女歌舞伎も絶えたころ、若衆を大勢

抱えた道頓堀の塩屋《しおや》九郎右衛門《くろうえもん》座▼注[3]で、これぞ世の中の花という花を集めたというような、若衆の総踊りを見ることができたものだ。その中でも、岩井《いわい》歌之介《うたのすけ》▼注[4]、平井《ひらい》しづま▼注[5]などという若衆は、後世にも二度と生まれないような美少年である。そのほかにも四十五人の若衆がいたが、誰一人として嫌な気質の者はいなかった。

当時は、今のように昼は舞台を勤め、夜は客をとるということもなくて、昼でも招かれるとやってきて酒を酌み交わし、若衆を熱心に口説く者がいれば、世間一般の衆道と同様に、その男と親しくしたが、誰もとがめる人はいなかった。若衆の抱《かか》え主《ぬし》も無欲で、大して金にならない客でも鷹揚《おうよう》にもてなして、年末になると丹後鰤《ぶり》（京都府北部で獲れる鰤。正月用として珍重）一本に、塗《ぬ》り樽《だる》に入れた酒三升を贈られ、お盆前には三《み》輪《わ》素麺《そうめん》十把《じっぱ》もらう程度なのだが、これにさえも礼状を出すほどであった。

またそのころは、歌舞伎若衆と初めて近づきになる方法も、道頓堀《どうとんぼり》▼注[6]の水茶屋の女房に頼んで芝居帰りの若衆を呼び込ませ、かりそめの盃事《さかずきごと》をするというような簡単なもので、声が美しい若衆には小唄をお願いするなど、思い通りに遊ぶことができた。代金は、遊び仲間のお金を集めて銀一両（四匁三分、約五七〇〇円）贈ると、釣り髭▼注[7]のある男が若衆の元からやってきて、「先ほどは、なんともかたじけないことでございます」

図①　平井しづま（注５参照）

などと丁寧に三つ指をついて長々と御礼を申し述べるので、その様子を語り草に大笑いして過ごしていたものを、今どきの風潮といったら、まったく様変わりしたものだ。草履《ぞうり》取りに金二分（約四万円）ずつやっても、さほどうれしそうな顔つきをしない。それどころか、少しでも祝儀をやるのが遅れると、秋は夜長であるにもかかわらず、四つ（午後十時）前から呼び立てにきて「明日の舞台に支障が出ますから」などというのである。恋の最中に迷惑な話だ。

とかく今の世の中にたくさんあるものといえば、野良犬の子▼注[8]と金銀だ。金がたくさん入るから何かにつけて奢《おご》って物を使うのである。あのころまでは、舞台衣装にしても、舶来の木綿に更紗《さらさ》▼注[9]のような模様をつけたものを着て、普段着には加賀絹《かがぎぬ》（現在の石川県南部で産出される絹織物。京《きょう》羽二重《はぶたえ》に次いで上質）に蘇芳《すおう》染め（蘇芳の樹皮、心材などで染色したもの。赤紫色。紅花だけで染めた本紅《ほんもみ》より安価）の安い裏地を付けるか、または、浅草縞《あさくさじま》▼注[10]に紫の絹の裏地を付けるなどしていた。それでも、見た人は驚いて、「これ以上のぜいたくはあるまい」などと噂するほどであったのに、最近では、舶来の金襴《きんらん》（金糸を織り込んだ豪華な織物）や毛織物（毛糸を使った織物）などを着るようになって、いくら役者だからといって、我が身のことをわきまえないというものだ。

相当な給金を取りながら、最後は借金の淵に沈むことになるというのが、この道頓堀の習わしである。給金が安かった昔は、歌舞伎役者も暮らしに困るということはなかった。もっとも、当時は今ほど面白かったわけではなく、すべてにおいて魅力的なのは現代の方だ。そうはいっても、自分の損得など気にもしないで、真《まこと》の情けをもっている若衆がいたのは昔のことで、その中でも特に平井しづまなど、後々まで語り継ぐべき若衆といえる。

あるとき、堺《さかい》（現在の大阪府堺市、和泉国《いずみのくに》、摂津国《せっつのくに》、河内国《かわちのくに》の境にあったためにこう呼ばれた）の目抜き通り沿いに、長崎を経由して輸入する舶来品を扱って繁盛している店があった。ここの主人は昔風の堅物《かたぶつ》で、七十歳まで風邪をひいたこともなく、よって薬を飲むこともなく、ひたすら家賃やら貸金の利息の計算ばかりして、生まれてからこのかた遊郭に行ったこともなく、炊事などする下女にしても、容姿などはどうでもよくて、布を織る技術さえあれば、一匁《もんめ》（約一三三〇円）でも安い方を選ぶという具合であった。恋をすることなど思いも寄らないという感じで、社交性のまったくない男であったのに、このほど初めて芝居見物をなさったというので、皆不思議に思ったのであった。しかもその日は雨が降ってきて、屋根など満足にない客席にいると濡れることになる。それで、観客は芝居を終わりまで見ることなく席を立つなどして騒いでいたのに、この親仁《おやじ》一人だけ少しも驚くことなく、

「三番目▼注[11]の演目『桜川▼注[12]』に、しづまが出るそうだ。これを見なくては帰るまい」

と、声の限り「東西《とざい》！　とーざい！」（東西四方のお客様の意。見物人を鎮める決まり文句）といって、雨で袖が濡れるのも気にせずに『桜川』が終わるまで見届けた上で、楽屋口へ回ってしづまが出てくるのを待っていた。

やがて、軒から落ちてくる雨だれを袂《たもと》でよけようともせず、しづまは、草履取りが傘をさし

かけているところを悠然と歩いて出てきた。その風情ある姿は、まさに今の世の人殺し（人を悩殺する美形）といったところである。親仁は千日寺《せんにちでら》▼注[13]の墓所の前まで跡をつけていき、何もいわずに物思いにふける様子でいた。

これを一目見たしづまは、親仁のことを気にかけ、

「親仁殿は、どこの村の方でしょうか」

と、問うのだが、親仁はこれには答えず、

「恋というものは、いつの時代に誰がしはじめたのだろう。こんなにもつらいものなのだろうか」

と、独り言をいう。

しづまは、懐紙の間から、定札《じょうふだ》（いつでも使える関係者用入場券）の六、七枚つづりを取り出して、

「また近いうちにご見物なされませ」

というと、この親仁はうれしさのあまり、前々から思っていた熱烈な一言をいい出せないままになってしまった。

暮れやすい冬の空にかかっていた虹がだんだん薄くなってきて、太左衛門橋《たざえもんばし》▼注[14]を渡ると、川面《かわも》を吹き渡る風が容赦なく吹きつけてくる。親仁はしばらくここで立ち竦《すく》んでいたが、愛しい君、しづまも抱え主の塩屋九郎右衛門の家にお入りになったので、仕方なくそのあたりの茶屋に入り、しづまに焦がれているなどとはいわずに、雨の晴れ間を待つそぶりで、塩屋の家の方を見

つめて物思いにふけっていた。茶屋の主人がその様子を見とがめて尋ねるので、打ち明け話をするはめになり、しづまに恋するあまり今にも死にそうだと話すと、主人は聞くそばから気の毒に思って、このことをしづまの耳に入れたのであった。

しづまは、早くも情けをかけて、

「私のことを思っていてくださるその方は、どれほど年老いたご様子であっても、お見捨てすることはできません」

と、急に気に入った衣装に着替え、肌に明暮《あけくれ》という名香を焚きしめ、その茶屋に行ってみると、鬢《びん》（耳際の髪）も真っ白の男で、▼注[15]滝縞の着物に紅梅色の袷羽織《あわせばおり》を着て、しかも胸高な位置に紐をつけるという野暮ったさである。胡桃《くるみ》を二つに割って作った、粗末な飾り目貫《めぬき》の小脇差《こわきざし》を帯び、古風で質素な印籠《いんろう》となめし革の巾着を提げ、駒引銭《こまひきぜに》（絵のついた玩具の銭）を根付《ねつけ》（ストラップ状の飾り）の代わりに付けている。この無粋《ぶすい》な装いといったら、とてもではないが、歌舞伎若衆に恋するなんて想像できない。

しづまは二間《ふたま》続きの座敷の奥の間に通って、

「この家のご亭主が取り次ぐまでもなく、あなたが私に思いをかけておられたのは、さっき芝居小屋から帰るときからお見受けしておりました。心がかりであったものを、こうしてお目にかかれて、縁とは不思議なものです」

と盃事《さかずきごと》をして、酔ったことを恋の口実に親仁の体にもたれかかって添い臥《ぶ》ししようとするなど、あれこれとうれしがるようなことをしていたのだが、この親仁は「ありがたい」ともいわずに、口の中でブツブツと念仏を唱えている始末である。

やがて、しづまが上手に聞き出すと、親仁は次のように語り出した。

「なんとまあお優しいお心遣いでしょう。忘れがたいことです。実は、あなた様に恋い焦がれているのは、私のたった一人の息子なのです。最近ではあなた様のことばかりを口にして暮らしていて、今にも息絶えそうな様子ですので、かわいそうでなりません。子どもを思う親の身として、このようなことをお願いするのは心苦しいのですが、どうかお情けをかけて、少しの間、会ってやってはくださいませんか」

というので、しづまはなおさらかわいそうになり、

「今となって嫌だと申すことなどできましょうか。我が身はあなた様に預け置きます」

というので、親仁は喜んで、

「それでしたら、今夜、夜が更けてから、この座敷に伴ってまいります。どうかどうかご内密にお願いいたします。実は、長町《ながまち》▼注[16]の借り座敷まで連れてきております」

というやいなや、返事も聞かずに帰っていったのであった。

しづまは待ち遠しく思いながら、袖を枕にうつらうつらしていると、病人の乗る駕籠《かご》が、座敷まで静かにかき入れられたのであった。その足音でしづまが目を覚ましてみると、十四、五歳ぐらいの美女で、白い肌小袖（肌着の小袖）の上に薄い桜色の中着《なかぎ》（下着と上着との間に着る小袖）

を着て、浅葱色（緑がかった薄い藍《あい》色）の鹿子《かのこ》絞りを裏にも表にも用いた小袖を身にまとっていた。その小袖には、色紙に見立てて四角く切り抜いた布が縫い付けてあり、和歌をあしらった飾りの紋を付け、帯は二重菱《ふたえびし》▼注[17]の紋様のついた柿色で、軽く巻きつけるだけで結んでおらず、髪は梳《と》かして垂らしたまま中ほどから下を引き裂き紙で結んでいた。その美しいことといったら、一つ一ついうまでもないほどである。しづまを前にして恥ずかしがる様子もなく、ぴったりと寄り添って「ああうれしい」と思わず声を上げて、ちょっと笑って顔を見合わせる。しづまは、この世の人とも思われない美しさにゾクッとし、しばらく何もいわずにいたが、ハッと我に返り、「私は男の子が来るものと思って衆道の約束をしたのに、まさか女の子だったなんて、思いも寄らないことだ。このことを世間の人はなんと言うだろう。それを思うと悲しい……」と、物思いにふけるのだが、これは、彼の誠あるところといっていいだろう。今どきの歌舞伎若衆であれば、相手が後家であっても放っておかないところだ。しづまはあれこれと考えて、「衆道に生きる身だからあなたとは付き合えない、などと筋を通して冷たく突き放したなら、あのように弱っているのに、さらに具合が悪くなるに違いない」と思い、心から望んだことではないものの、娘と共寝をした上で、

「私の身は、今からはあなたのものなのですから、ご病気から回復なさいましてから、またお目にかかりましょう。来世までもお互いに忘れないでいましょう」

と、仮初《かりそ》めの恋でありながら、浅くはない言葉を交わして別れたのである。

しかし、人の命というのは、露よりももろいものだ。その夜が明けると娘は、惜しいことに十六歳の若さで眠るようにこの世を去ったのであった。人にとって死ぬことは避けがたいものとはいえ、若いだけに、ひとしお哀れである。

初七日《しょなのか》になり、この娘の母親は、

「せめて、娘が焦がれ死にしたその若衆を見て、この悲しみを晴らそう」

と、大阪に訪ねてきて、娘の形見の品々をしずまに渡した。それを見たしずまは、さらにまた涙に沈むようになって、その日より精神的に不安定となり、

「思いがけなく人の命を取ってしまった」

と悔やみ、神仏に祈りを捧げて自分で自分の命乞いをしたのであるが、世の中にはこんな不思議なこともあるものだろうか。ある日、しずまが三津寺八幡《みつでらはちまん》▼注[18]に参詣しての帰り道、いつもの着物を着ていたにもかかわらず、「しずまが死装束《しにしょうぞく》の白い衣を身にまとっている。顔色も悪くて心配だ」などと見かけた人が噂話をし、「どうしたんだろう、気でも狂ったんだろうか」などといっていたその日の暮れ方に、しずまは難波の夢のように儚《はかな》く命を落としたのであった。

役者として大成する春も待たずに、「雪間《ゆきま》の梅」のように初々しい若衆が、もったいなくもその蕾を散らして「月やむかしの」▼注[19]昔の物語になってしまったのである。

▼注

【1】太夫蔵人――元和三年（一六一七）に京都から大阪へ下ってきた段助《だんすけ》という座元が、太夫（一座の花形）に仕立てた女性の役者。

【2】出雲の阿国――歌舞伎の始祖をいわれる初代のお国ではなく、太夫蔵人の活躍した元和頃の二代目お国。

【3】塩屋九郎右衛門座――塩屋九郎右衛門が大阪道頓堀九郎右衛門町で芝居興行をはじめたのは、一説では寛文元年（一六六一）とされ、また、別の説で寛文十年（一六七〇）とされるが（『歌舞伎年表』）、これが大阪芝居のはじまりという。代々、子どものときは九左衛門を名乗り、名代《なだい》（興行権の所有者）を相続してからは九郎右衛門を襲名して、幕末まで伝承された（『歌舞伎人名事典』）。

【4】岩井歌之介――若衆歌舞伎時代の女方。塩屋九郎右衛門座に属した。歌之介が登場すると、観客が桜になぞらえ、扇をかざして褒めたたえたという（『古今役者大全』）。

【5】平井しづま――若衆歌舞伎時代の若衆方。漢字で表記する場合は「静馬」。岩井歌之介と並んで塩屋九郎右衛門座の花形で、容姿端麗、小唄もうまく、所作事（舞踊劇）を得意とした（『日本人名大事典』、『歌舞伎年表』）。図①（本章挿絵）。

【6】道頓堀――寛永三年（一六二六）に芝居町となり、芝居小屋、芝居茶屋を並べて繁栄、大阪随一の盛り場になる。若衆歌舞伎時代には、兵内、伝助、九郎右衛門の芝居があった（大阪図、238ページ参照）。

【7】釣り髭――威厳をつけるために口髭の先を上に跳ね上げたもの。書いたり、作り髭を付けたりする。図②（『守貞謾稿《もりさだまんこう》』巻之九、国立国会図書館デジタルコレクション）。

【8】野良犬の子――「犬公方《くぼう》」の呼び名で知られる五代将軍徳川綱吉が、犬のみならず多様な生き物の殺生を禁ずる法令を多く出したことに伴い、街中に野良犬が増えたことを指している。

【9】更紗――人物、鳥獣、草花などの紋様を種々の色で染めた綿布。また、そのような色彩鮮やかな異国風の紋様のこと。江戸時代中期以降、広く普及した。菓子の図案一覧にも「更紗形」という紋様が示されている。図③（『菓子話船橋』国文学研究資料館蔵、クリエイティブ・コモンズ表示‐継承4.0 (CC BY-SA 4.0) 国際ライセンス）。

【10】浅草縞――縦糸に繊維の短い絹屑糸をつむぎ出して糸にしたもの。横糸に綿糸を用いて、八王子地方で織られた女物の縞織物。

［11］三番目——能の構成にならい、三番叟《さんばそう》ではじまり、脇狂言、次に一幕物の二番目、最後に二幕、あるいは、三幕の三番目を上演した。この時代にはまだ切狂言《きりきょうげん》は上演されていない。

［12］桜川——謡曲『桜川』をもとにした所作事《しょさごと》（舞踊劇）。貧しい母のため人買いに身を売った桜子と、狂乱して娘の跡を追う母とが、桜川（筑波川）のほとりでめぐり逢うという話。

［13］千日寺——法善《ほうぜん》寺の俗称（大阪図、238ページ参照）。

［14］太左衛門橋——道頓堀川にかかる橋（大阪図、238ページ参照）。

［15］滝縞——太い筋から次第に細い筋になっている縦縞。

［16］長町——現在の大阪市中央区日本橋筋（大阪図、238ページ参照）。

［17］二重菱——大小の菱形を重ねた紋様。入れ子菱ともいう。

［18］三津寺八幡——現在大阪市中央区心斎橋筋にある真言宗三津寺のこと。本尊は十一面観世音。三津八幡宮の神宮寺（神社に附属して置かれた寺院）という説があることから、三津寺八幡とも呼ばれている。図④（『摂津名所図会』巻之四下、国立国会図書館デジタルコレクション）。

［19］月やむかしの——『古今集』の在原業平の歌「月やあらぬ春やむかしの春ならぬ我が身ひとつはもとの身にして」を取り込み、昔を偲《しの》ぶよすがとしての月をイメージの核にして、そこから梅、春、難波などの言葉を連想させる表現となっている（畑中千晶『鏡にうつった西鶴』二六～三一ページ参照）。

図②

図③

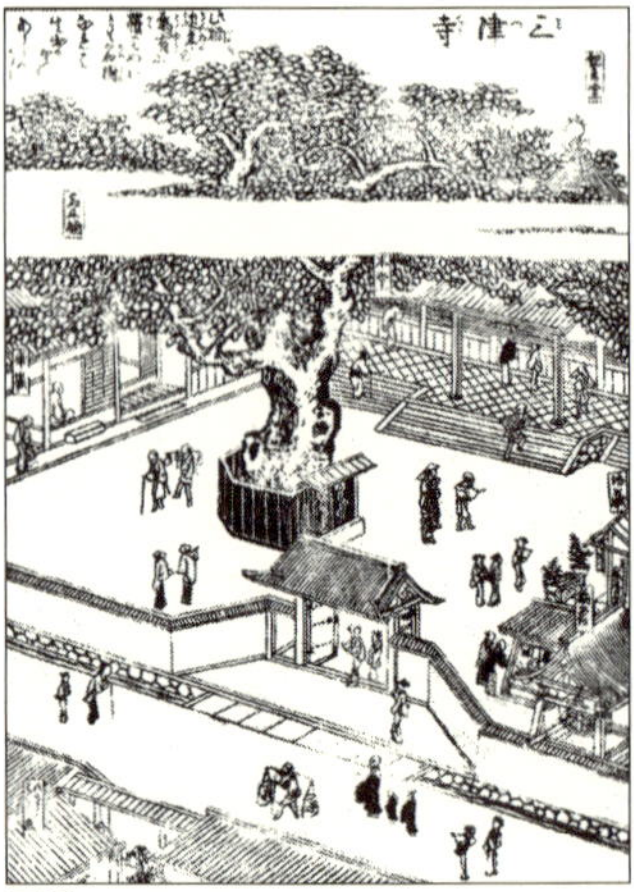

図④

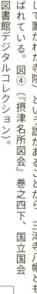

3 思ひの焼付《たきつけ》は火打石《ひうちいし》売り

どんな客でも手玉に取る最強若衆、創作に打ち込むファンを葬り去る

《あらすじ》

昔、京都で長年舞台を勤めた玉川千之丞《たまがわせんのじょう》は、若女方の鑑のような存在である。客あしらいが抜群にうまくて、この若衆に入れ上げるあまり、横領に手を染める修行僧や手代《てだい》が跡を絶たない。

さて、五条《ごじょう》の橋の下に「都の今賢人」と呼ばれる火打ち石売りがいた。この男の手による衆道手引書全四巻には、千之丞の身体的特徴が事細かに記されている。この作者、実は、かつて「尾張《おわり》の三木《さんぼく》」の通り名で知られた遊び人だった。千之丞に手玉に取られ、無一文となって失踪《しっそう》したのである。

ある晩、酒席で偶然この男の居場所を耳にした千之丞は、凍《い》てつく寒さの夜明け前、酒を提《さ》げて河原まで男に逢いに行き、かいがいしく添い臥しをしてやった。ところが男はこれを迷惑がり、再び失踪《しっそう》。千之丞はこの男を亡き者として扱い、塚を築いて弔《とむら》ったという。

全国には「玉川」と呼ばれる有名な川が六つあり、「六玉川《むたまがわ》」▼注[1]などと呼ばれているけれども、本当はもう一つあるから「七玉川」と言いたいところだ。というのも、昔、京都にいた**玉川千之丞**《たまがわせんのじょう》▼注[2]という役者は、それはもう小歌がうまくて、まさに「小歌の名所」という感じだったからだ。「〽風吹けば沖つしら浪たつた山」▼注[3]（『河内《かわち》通い』）と甲高い声で千之丞が歌い出すと、舞台上の家屋敷にかかっていた御簾《みす》がするすると上がって、その麗しい面影が見えてくる。本物の「筒井筒《つついづつ》の女」（業平《なりひら》の幼なじみ）がこの世に現れ出たとしても、この千之丞の立ち姿の美しさには、到底及ばないことだろう。十四歳の春に初めて都の舞台を踏み、四十二歳という男の大厄《たいやく》の年まで、振袖を着る若い女の役を勤め、一日も見物客に飽きられるということのなかった役者だ。末の世の若女方は、この千之丞にあやかるのがよかろう。江戸に下っていた三年間というもの、「〽風吹けば沖つしら浪」の演目が大当たりで、江戸の人々の心をなびかせていたのだ。辛口の批評で知られる役者評判記『野郎虫《やろうむし》』でさえ、この千之丞のことは褒めちぎっているくらいだ。

承応《じょうおう》元年（一六五二）▼注[4]秋の夜のことである。空が曇り、月影も見えないような、もの寂しい晩であった。ある貴族が、屋敷の南向きの客間で宵のうちは笙《しょう》を吹いておられたのだが、夜が更けてから趣向を変えて、四《よ》つ竹《だけ》▼注[5]に合わせて小唄を楽しもうとされた。この四つ竹節というのは、長崎から来た一平次《いっぺいじ》という男がはじめたもので、犬を追い回す童子までもその手拍子をまねするほど流行っており、四つ竹に合わせて歌う小唄の節は、歌舞伎の下座《げざ》音楽（場面効果を高める曲）にもなっているものだ。

だが、とてもではないが、貴人のお手に触れられるようなものではなく、公卿の一人がすぐに竹を打つのをやめさせて、

「四条河原《しじょうがわら》の歌舞伎若衆のことは、話に聞くばかりで見たことがないな。せめてその姿をありのままに書き写してみせておくれ」

と言うので、浮世絵の名人花田内匠《はなだたくみ》▼注[6]という者が、筆の限りを尽くして描くことになった。

貴族の気まぐれからのことではあったが、若衆たちは我先にと絵師に付け届けを送ったのである。香木や、使い古した小柄《こづか》、着馴《な》れた羽織などを贈ると、欲に目がくらむのが世の中というもので、「花に風、月にむら雲」というようにどんなに美しい顔でも多少の難点はあるものを、

まるでなかったことにして、好き嫌いなしに曲がった鼻も真っ直ぐに、出っ張った額もほどよい感じに修整して描いたので、みんな悪くない感じに仕上がったのである。

ところが、千之丞は顔立ちの美しさが有名で、自分でも自慢に思っていたため、特段の付け届けもせずにいたところ、千之丞一人だけみすぼらしく腰も曲がった姿で描かれたのであった。これを思うに、中国の王昭君《おうしょうくん》▼注[7]が絵師に付け届けをしなかったばかりに醜く描かれ、不幸な目に遭ったのと同じようなものだろう。

その後、貴族の屋敷で絵姿の品評会がなされたときも、千之丞は一番終わりに取り出されたので、その絵姿に狂歌の賛（賞賛する批評文）を付ける方もおられず、その名を埋もれさせることになったのだが、なんとも惜しいことだ。しかも、その秋の初めごろより、体の節々が痛くなる病《やまい》が京都で流行り、千之丞が特にこれを患《わずら》って、自然と腰も屈《かが》むようになり、尻が突き出るという、思いも寄らぬ姿となったのは、先ほどの絵師の絵と思い合わせるとおかしなものである。

そうはいっても、千之丞はすべてにおいて優れていたからこそ、夜は欠かさず客を取ることができたのである。客は前後を争って予約を入れ、十日も前から千之丞のお越しを待ちわびるという具合であったから、急に呼ぼうとしても、盃をいただくことさえできなかった。ちょっと酔いが回ったときの一座のもてなしも巧みで、ポッと染まった頬の美しさがまるで紅葉のようだから、それを一目見ただけで皆恋に落ちる。神護寺《じんごじ》、南禅寺《なんぜんじ》、東福寺《とうふくじ》（いずれも京の名刹《めいさつ》、紅葉の名所）に限らず、ありとあらゆる寺の道楽坊主たちが、代々の名僧の筆蹟《ひっせき》を売り払い、あるいは、寺の所有地の竹木《ちくぼく》までも切り倒して売っては、すべてこの君のために遣ってしまう。最後は逃げるしかなくなり、傘一本だけ持たされて寺を追放されるということになる。または、商人であれば、手代が主人を出し抜いて際限なく金銀を遣い、この君の仮初《かりそ》めの情けのために家を失う人は数知れないのである。

あるとき、私（＝作者西鶴）は千之丞が内緒にしていた手箱を開けて見たことがあった。中には仮綴《かりと》じにした手日記《てにっき》が入っていて、上に「初枕《にいまくら》」と記してあった。いかにも面白そうだったので開いてみると、思った通り、元日から暮れまでの毎晩の相手について、どんなふうに過ごしたかを書き記したものであった。ざっと読んでみると、荒々しい武士や鬼のような男伊達《だて》なども骨抜きにしてしまい、百姓も田舎臭さが抜けたようになり、神主の野暮な厚鬢《あつびん》（濃いもみあげ）を粋《いき》に薄くさせ、寺の住職に袴を履かせて普通の人の姿にするなど、その場限りに座を盛り立て、客を自由にあしらって、自分の楽しみにしている。まだその続きもあったけれども、そこで読むのを止めた。これほどまで心配りができるのだから、何につけても悪いはずがない。身分の低い者が恋い慕ってくると、人に知られぬように情けをかけてやり、逢瀬《おうせ》が重なって噂になることもいとわない。このように千之丞には（玉川だけに）しきりに恋の波が打ち寄せるので、浮き名が立つことは止むことがなかった。

そうした恋の波をさらに掻《か》き立てるように、風が激しく吹く夕暮れのことである。しかも、雪がちらつきそうな空で、早くも北山《きたやま》の方は松の葉が白くなっているのが見える。人通りの多い五条《ごじょう》▼注[8]の橋の下で、河原を夜の寝床とし、人生なんて一刹那《いっせつな》の夢のようなものだと達観している男がいた。一刹那を「石火《せっか》の光《ひかり》」などというけれども、まさにこの男は、朝、鞍馬川《くらまがわ》で拾った火打ち石を、一日かけて洛中で売り歩き、残った石は夕方には捨ててしまうというような、まったくのその日暮らしを堪能《たんのう》していて、人々は「都の今賢人《いまけんじん》」と呼んでいたのだった。こんな境涯に身を置いてはいても、まだ衆道はやめがたく、『玉川心淵集《ぎょくせんしんえんしゅう》』（玉川千之丞の情けに溺れるあまり、借金の淵に沈んだの意）と名づけた全四巻の書を著して、千之丞の四季の振る舞いを書き記しているのである。これは、衆道を嗜《たしな》む人には必読の書である。千之丞の体に灸の痕《あと》がいくつあるか、蚤《のみ》に喰われているのはどこかということまで書いてあるのが、おかしいものである。

この人の素性を聞くと、尾張国《おわりのくに》（現在の愛知県）では有名な伊達《だて》男であった。千之丞が若女方になりたての時分から、深く契りを結んで逢っていたのだが、あるとき、突然、蒸発してしまったのである。

「身をお隠しになりまして、もう長いこと、どちらにおいでなのかわからないのです」

と、千之丞が嘆いていたところ、

「五条の橋のあたりの河原に、浅ましいお姿に変わっていらっしゃるそうですよ」

と、語ってくれた人があった。

千之丞は涙ぐんで、

「人の人生ほど不安定なものはありませんね。早くお知らせくださっていたならば、都の中で人に後ろ指を指されるようなことはさせませんでしたのに。知らなかったことですから、なんとも致し方のないことですね。ついこの近くにおいでとは、思いも寄りませんでした。お国元へはお手紙で何度もお尋ね申し上げましたのですが、お返事がないのは私のことを見限りなさったものと、ままならぬ我が身を恨んで暮らしておりました。役者勤めをしていると、これに限らず、こうした出来事はたくさんあるものです。こうなったからには、仕方ありませんね」と、わざと素っ気なく言い放って、その夜の客を大事にもてなし、機嫌を取って、床でもしっとりと落ち着いた振る舞いを見せ、思い残すところのないように尽くして、夜明けに起きて別れたのであった。霜が降りる寒い夜明けは身に堪《こた》えるものである。激しい嵐が吹きすさぶ河原に思いを馳《は》せた千之丞は、袂《たもと》に盃を入れ、酒の燗《かん》に使う燗鍋《かんなべ》を提《さ》げて、供の者も連れずに外へ出たのであった。岸辺の小石を踏み越えて、川瀬で眠る水鳥を騒がせながら、はるか橋の下まで行って、

「尾張の三木様《さんぼく》▼注[9]」

と、昔の名を呼んでみたけれども、どこにいるかわからない。ときは十一月二十四日の夜明け前、まだ人の顔も見分けがつかず、浅ましい寝姿の者が大勢いる。いずれが、あの方なのだろうかと尋ね歩いていると、ふと、以前のことを思い出し、左の鬢先《びんさき》（耳のきわ、こめかみのあたり）に切り傷の跡があったはずと、一人一人野宿している者の顔を手探りしていくと、思った通り

に探し出すことができた。

「さっきからお声を掛けておりましたのに、名乗ってくださらないなんて、それはもう深くお恨み申し上げますよ」

と、ぽろぽろと泣いて急ごしらえの川ができたかのようである。

しばらく以前のことなどを語り合い、持参した酒を酌《く》み交わして明け方の風の冷たさをしのいでいるうちに、東の空が白々と明けてきた。

「ご様子を見るに、以前の風采が残っているところは、一つもありませんね。こんなにも変わるものなのですね」

と、おみ足をさすると、あかぎれから血が出てきて痛ましい様子であるのを、一つ一つ労《ねぎら》って、添い臥《ぶ》ししていたのだが、旅人が橋を踏みならして通るころとなり、芝居小屋の開場を告げる太鼓の時刻（午前六時頃）も間もなくなので、人目を忍ぶ身の悲しさを思いながら起き別れて、

「今日の夕暮れをお待ちくださいませ。お迎えに参ります」

と、声をかけて千之丞は姿を消したのであった。この世捨て人の男は、こうした千之丞の振る舞いをまったくうれしいとは思わず、

「つまらない人が訪ねてきて、私の楽しみの妨げじゃないか」

と、うるさがり、またこの場所も立ち去って、どこかほかの土地へお行きになった。

その後、千之丞は、男が再び消えたことを嘆いて、都中を探し回ったがそのかいもなく、残っ

た火打ち石を取り集めて、東山の新熊野《いまくまの》▼注[10]の片陰に運ばせて、枯葉の小笹《おざさ》の奥に塚を築き、その男の定紋《じょうもん》が桐紋であることから、桐の一木▼注[11]を植えて墓標とし、亡くなった人を弔《とむら》うかのように、そばに草庵を結び、日蓮《にちれん》の口まねをして経を読む法師をここに住まわせて、この塚を守らせたそうである。ある人が名づけて、これを新恋塚▼注[12]と呼んでいる。

▼注

[1] 六玉川——歌に詠まれる井手《いで》（現在の京都府、以下同様に括弧内は現在の都府県）、三島《みしま》（大阪府）、野路《のじ》（滋賀県）、高野《こうや》（和歌山県）、調布《たつくり》（東京都）、野田《のだ》（宮城県）の六ヵ所の玉川の総称。

[2] 玉川千之丞——寛永十六年（一六三九）から寛文六年（一六六六）にかけて活躍した若女方。野郎歌舞伎の先駆者といわれ、上方と江戸を往復し、それぞれの特色を舞台に取り入れた。「河内通い」の演目で一日小判一両（約八万円）の給金を取ったことが『日本永代蔵《にっぽんえいたいぐら》』に記されている。図①（『野郎虫』国立国会図書館デジタルコレクション）。

[3] 「風吹けば沖つしら浪たつた山」——この後に「夜半《よわ》にや君がひとり越ゆらむ」と続く和歌の上の句。出典は『伊勢物語』第二十三段で、次のような話である。大和国《やまとのくに》に幼なじみを妻に娶《めと》った男がいた。河内国高安郡《かわちのくにたかやすのこおり》にも女がいて、この男がたびたび通うのにもかかわらず、妻がまったく嫉妬《しっと》しないので、男は不審に思って、河内にいくふりをして庭から妻の様子を見ていた。すると、美しく身なりを整えて化粧した妻が、この歌を詠んだ。「風が吹くと沖に白い波が〝立つ〟けれど、そのように物騒な〝立〟田山（現在の大阪府河内長野市。大和国から河内国に行くルート上の山）を、夜中にあなたは一人で越えているのでしょうね」。男は、妻の愛情深さに心揺さぶられ、次第に河内へは行かなくなったという。水に縁のある「玉川」千之丞であり、「沖つしら波」と連想がつながること、また、「しら声」（＝甲高い声）で千之丞が歌うことなどから、千之丞の代名詞ともなった演目である。

〔4〕承応元年（一六五二）――刃傷《にんじょう》事件が起こり、若衆歌舞伎が禁じられた年。本文中にあえて年月を明瞭に描き込んだのは、若衆歌舞伎から野郎歌舞伎へと移り変わっていく時期の役者の話であることを印象づける意味があるか。

〔5〕四つ竹――両手に竹片《たけぎれ》を握って、カスタネットのように打ち鳴らすもの。承応（一六五二〜五五）頃、長崎の一平次が上方でこの四つ竹に合わせて四竹節を歌った。図②（『近代艶隠者《やさいんじゃ》』巻三の三、国立国会図書館デジタルコレクション）。

〔6〕花田内匠――架空の絵師の名。

〔7〕王昭君――中国前漢、元帝の宮女。美貌をたのみ、画家に賄賂をおくらなかったため、わざと醜女に描かれ、匈奴《きょうど》（北方の遊牧民族）に嫁ぐ女性に選ばれたとの哀話で有名。

〔8〕五条の橋――五条大橋。鴨川（賀茂川）にかかる橋（京都図、236ページ参照）。

〔9〕尾張の三木――尾張国（現在の愛知県）の出身で、遊ぶ際には「三木」との通称。「木」の字の連想から、もとは富裕な材木商であった可能性もあるか。

〔10〕東山の新熊野――京都市東山区に鎮座する新熊野神社。後白河法皇が深く信仰していた熊野三所権現《さんしょごんげん》を勧請《かんじょう》したもの（京都図、236ページ参照）。

〔11〕桐の一木――「桐」は「切り」に通じるため、縁を「切」る意もあるか。また、「一木」を植えることで、もはや「三木」ではないという皮肉も込められていそうである。

〔12〕新恋塚――「鳥羽の恋塚」に似た「新」恋塚の意。「鳥羽の恋塚」とは、京都の鳥羽にある袈裟御前《けさごぜん》を葬った墓のこと。源渡《みなもとのわたる》の妻袈裟御前を見そめた遠藤盛遠《えんどうもりとお》は、袈裟が渡の身代わりになっているとも知らずに殺し、その罪業《ざいごう》を仏縁に出家する（後の文覚《もんがく》）。この恋塚物語は、御伽草子《おとぎぞうし》や浄瑠璃などを通じて当時広く知られていた。意図せずして袈裟を殺した盛遠と、意図せずして「都の今賢人」を葬り去った千之丞とを重ねたものか。

図①

図②

4 江戸から尋《たず》ねて俄《にわか》坊主

恋も情けも葬り去る美僧

《あらすじ》

霊験あらたかな高野山《こうやさん》の奥、玉手《たまで》の里で修行に励む美僧、可見《かけん》は、その昔玉川主膳《たまかわしゅぜん》という名の稀代の名人と呼ばれた江戸の人気女方であった。しかし、花の命は短く、やがて衰えるのが若衆の美貌《びぼう》というもので、主膳もまたその時期を悟り、出家の道を選んだのである。そんな主膳と愛を交わした美少年玉《たま》井《い》浅《あさ》之丞《のじょう》もまた主膳の跡を慕い、その美しい姿を惜しまれながら出家の道を選び（俄坊主）▼注[1]、二人でつつましい修行生活を過ごしたのであった。そんな二人の姿は、やがてほかの者の心をも動かす……。誰もが心奪われる人気歌舞伎役者の美しさとその儚《はかな》さ。江戸時代の人気役者がたどるその後の人生を綴《つづ》った珠玉の一章。

仏法僧《ぶっぽうそう》▼注[2]という鳥は、高野山《こうやさん》（現在の和歌山県）、松の尾（現在の京都市松尾山）、河内国高貴寺《かわちのくにこうきじ》（現在の大阪府南河内郡）でしか見られず、夏の間、それも真夜中にしか鳴かない鳥である。好運にもその声を聞いた人は心が清められるそうだ。それは、特にこの地が弘法大師の開基した霊地だからであろう。この山の先、玉手《たまで》（現在の大阪府柏原市）安福寺《あんぷくじ》に長年修行を積んだ念仏の老和《ろうお》尚《しょう》、珂憶上人《かおくしょうにん》が住んでいた。その大勢の弟子の中に可見《かけん》という美僧がいた。

この人の昔を尋ねたところ、**玉村**《たまむら》**（玉川）主膳**《しゅぜん》▼注[3]という江戸の歌舞伎役者で、一枚看板に名を連ね、人の命をとるほどの人気女形で、太鼓や鼓などのすべての拍子事《ひょうしごと》をこなす稀代《きだい》の名人と評判の役者であった。とりわけ、若道《じゃくどう》の心得が深く、主膳に心をかけない者はいなかった。

年月が経ち、花の姿も惜しまれ、二十日過ぎの月のように若衆盛りを過ぎた二十歳あまりのころ、可見は以前よりここにと考えていた山寺に身を隠し、剃髪《ていはつ》して出家し、諸国修行の旅に出た。その後、この玉手の里に来て草庵を結び、まばらな萩《はぎ》の垣には蔦《つた》の葉が絡まるような質素な暮らしを送っていた。西行法師《さいぎょうほうし》が詠んだ歌のように、南にある窓から見える月を友にして、朝から夕方まで修行に勤め、三年ほど自身の居場所も知人に知らせず故郷のことも忘れて暮らしていた。

さて、この可見が浮世で役者をしていたころ、玉井浅之丞《たまいあさのじょう》▼注[4]という誰もが恋心を募《つの》らせるほどとりわけ美しく情け深い子を抱えていた。役者だった可見は、この子の思いを自分へとなびかせ、外の衆道は自ら断ち、お互いに心変わりはしないという約束までしたのだが、出家し居場所も知らせず姿を隠してしまったのである。このことを浅之丞は恨み悲しんで、はるか遠い武蔵野から道をたどって（江戸から草の生い繁る田舎道を通って）、玉手の里を訪ねて来た。しかし、そこで見たのは、昔の面影が水の泡に消え、荒れ果てた井戸の水を自ら撥釣瓶《はねつるべ》▼注[5]で掬《すく》う可見の姿であった。

浅之丞は、その姿を見て桶からこぼれるほどの涙を流し、

「なぜ、このようなお姿に……」

と可見の衣にすがり、人目も気にせず袖を涙で濡らした。浅之丞の心中を察すればもっともなことである。一方、可見は、

「そんなに悲しまれましても……私は出家してこの世にあるともいえぬ身であれば、これから逢うこともめったにないでしょう。年月のよしみで、このたび、訪ねてくださったお気持ちは決して忘れません。あなたは、江戸桜を人が眺め惜しむように今が盛りの時期です。特に、熊《くま》谷《がや》（現在の埼玉県）におられるご両親の嘆きも深いに違いありません。そうしたことを考え合わ

せると、すぐにでも国にお帰りになったほうが良い」

と伝え、名残も今夜限りと浅之丞をもてなした。

　木の葉で火を焚《た》き、茶釜を温めるのももどかしく、天目《てんもく》茶碗▼注[6]一つしか器もなく、忍竹《しのべたけ》を並べた仏壇には表具《ひょうぐ》もなく、「南無阿弥陀仏」とだけ書かれた紙をかけ、欠けた徳利《とっくり》に夏菊を生け、風を楽しみとするばかりの質素なもてなしであった。夜は、蚊帳《かや》もなくあおぐ団扇《うちわ》の音で眠ることもできず、一晩中昔のことを語り合っていたが、浅之丞はいつしか涙にむせび声が出せず、夢だか現実だかわからないうちに暁の鐘が聞こえてきた。

「一番鳥が鳴いたら、関東へ出発しなさい。今後は、私の無事を知らせる手紙を送ることもできないでしょう。伝《つて》があっても便りはしないでください。せめて、これを形見に」

と、可見は日ごろ使っている浄土珠数《じょうどじゅず》▼注[7]を浅之丞に渡し、二人は、つないだ珠のように涙を流したのであった。徐々に明け方の雲が晴れて、夏の山もはっきりと見えるころ、浅之丞は、

「とりあえずあなたのお気持ちに従って帰ります」

と出立《しゅったつ》した。可見はその後ろ姿を見送っていたが、そのうち山の茂る木陰に浅之丞の姿は見えなくなっていった。

　可見は、浅之丞への思いを断ち切り、笹の生い茂った戸をかたく閉じて、つらい気持ちを忘れるほどに修行に没頭した。しばらく月日が経ったころ、また戸を叩く音が聞こえた。不思議に思い、出てみるとそこに、美しかった元結《もとゆい》を剃った浅之丞が、

「あなたの言葉に従い、関東へ戻って、また参りました」

と立っていた。美しい姿であったのにと悔やんでもどうしようもなく、このことを和尚に話すと、

「夢の浮世と悟って出家したからには思い残すことはもうないでしょう」

とおっしゃって、浅之丞は可見と同じく出家して、後世のことのみ願う真の道心者となった。朝は山の湧《わ》き水を汲み、夕方には柴や木を運び、修行の身を楽しみありがたく思った。

この玉手の里の先、古市《ふるいち》（現在の大阪府羽曳野市《はびきのし》）というところに、百姓の娘にしては美しい村娘がいた。この娘は、浅之丞の旅姿を見かけてから魂が飛び出るほど恋に狂い、浅之丞の跡について、かの寺に行こうとしたところを召使いの女たちが取り押さえ、なだめて宿に帰したのであった。

しかし、娘はこの恋がつらく切なく、その夜忍んで浅之丞のもとへ行き、かすかな松の火の灯りにともされた庵室を窓から覗《のぞ》いてみると、恋した男は法師となっていた。娘は悲鳴を上げ、

「あの若衆をなんで出家させたのか」

と死ぬほど嘆いたのであった。

浅之丞は、まったく知る由《よし》もないことであったので取り合わなかったが、娘の荒々しい大声に寺の僧たちが驚き、集まって来た。その中には、この娘を知る者も大勢いた。

「みっともないですよ」

と周囲がなだめても娘は一切聞き入れようとせずに、

「この方を誰が出家させたのですか。出家させた人を私は恨みます」

と気が狂ったように喚《わめ》き散らした。人々は親元に知らせ、親類がやってきて、

「気持ちはわかるが、世間体もあるでしょう。あの方は出家しているのですから、あなたの望むようにはなりませんよ。いつかまた、出会える日も来るでしょうから」

と娘の心を落ち着かせた。すると娘は、

「なんともはみっともない振る舞いをしました。私がどんなに夢中になろうとあの方はなんとも思われないことでしょう。つくづく思うに、このような恋をしたのも、前世の定めでしょう。私も十四歳までは、少しでも抜けるのを惜しんだ黒髪ですが、今日から仏道に入り、この髪を捨てます」

と自ら髪をばっさり切って出家し、一日中鐘の音ばかりがする西の方の山陰に庵を結び、その後は娘の姿を見る者はなかった。恋心から発心して、恋心をすべて忘れたのである。

また、主膳と浅之丞、二人の法師も、浮世者《うきよもの》（享楽的な当世風の人）であったが、浮世のことを捨て、今ではこの山を離れず、心乱さず修行に励んで暮らしていた。花盛りのとき、江戸で二人になじみのあった人が昔を懐かしみ、大勢訪ねて来たが、ついには戸を開けず忍冬《すいかずら》▼注[8]の蔓が門を閉じ、根笹が自然と道を埋め、二人の住む庵室への道筋もなくなっていったのである。

その後、山本勘太郎《やまもとかんたろう》▼注[9]という若衆方が、大和竜田川《やまとたつたがわ》の紅葉見物に行き、色恋に浮かれて帰る途

中でこの地を訪れた。そして、二人の姿に心を打たれ、

「まことにこの世は夢の夢である」

と、勘太郎もまた出家したのである。勘太郎なりにいろいろ考えあってのことであるが、若衆盛りであったので勘太郎もまた人々に惜しまれた。

▼注

[1] 俄坊主——急に思い立って出家すること。俄道心《にわかどうしん》とも。本章では、主膳の後を追って浅之丞が、浅之丞を追って村娘が、主膳、浅之丞の二人の出家姿を見て山本勘太郎がそれぞれ急な出家をしていることを表している。

[2] 仏法僧——ブッポウソウ科の鳥。霊鳥として名高く、「ぶっぽうそう」と鳴くと信じられていた。仏・法・僧は仏教の三宝である。図①（細川博昭「梅園禽譜に描かれた鳥たち」『輸入された鳥、身近な鳥　江戸時代に描かれた鳥たち』ソフトバンククリエイティブ株式会社　二〇一二年）。

[3] 玉村（玉川）主膳——野郎歌舞伎の初期の女方で扇舞いの名手と称された玉川主膳のこと。歌舞伎評判記『古今《ここん》四場居《しばい》色《いろ》競《くらべ》百人一首』には、「玉村」の名も見られ、その名でも知られていたようだが、正しくは「玉川主膳」である。歌舞伎評判記『剥野老《むきところ》』（寛文二年刊）によると、寛文元年（一六六一）、京都から江戸に移り女方として活躍したことが窺える。また『古今役者物語』には、延宝元年、出家して可見と号したと記される。図②（『野郎大仏師《やろうだいぶつし》』国立国会図書館デジタルコレクション）。

[4] 玉井浅之丞——寛文・延宝期、江戸玉川主膳座に属した若女方。歌舞伎評判記『難《なん》野郎《やろう》古《ふる》たゝみ』に、「めんていすがた見事なか〳〵あふぎよし古今のできもの

図①

玉川のなかれをくみ給ふぞさすがなり」とあり、その容姿の美しさと玉川主膳の芸を継いだ舞のうまさが讃《たた》えられている。

[5] 撥釣瓶――横長の木の一方に重しをつけ、もう一方に釣瓶を取り付け、支点を支えに水を汲むもの。図③（本章挿絵）。

[6] 天目茶碗――茶葉の産地中国天目山の茶碗。鉄釉《てつぐすり》をかけて焼かれた光沢が特徴。

[7] 浄土珠数――浄土宗で用いる二連の念仏用の数珠（『西鶴諸国はなし』巻二の三）。

[8] 忍冬――スイカズラ科の常緑つる性の樹木。

[9] 山本勘太郎――万治年間、京都で活躍した若衆方、初代山本勘太郎。歌舞伎評判記『役者大鑑』（元禄五年二月）に、「めんていうつくしく采体《とりなり》りこうなれば」とあり美しさとその所作が評判の若衆方であった。しかし、座元と合わず不遇な時代が続き、その容姿と芸のうまさに合った評価は得られなかったとも記される。図④（歌舞伎評判記『蓑張草《みのはりぐさ》』国立国会図書館デジタルコレクション）。

図③

図②

図④

5 面影《おもかげ》は乗掛《のりかけ》の絵馬《えうま》

姿は変われど変わらぬ思い

《あらすじ》
京の都の誰もが恋してやまない歌舞伎若衆の玉村吉弥《たまむらきちや》が、芝居の打ち合わせに行く途中、狼の黒焼きを売りに来た佐渡島《さどがしま》の男とすれ違った。

吉弥が軽い気持ちで、自分の持っていた楊枝を男の袖に投げ入れると、男はすっかり吉弥に心を奪われてしまった。金があれば吉弥との恋がかなうと思い、男は佐渡島に帰って執念で金山を掘り当て、突如としてお金持ちになった。これでやっと吉弥に会えると京に向かった男は、すでに吉弥が江戸に下ったことを知らされた。すぐさま江戸に向かい、男はついに吉弥との再会を果たしたのだが、京で会ったときとはうって変わって大男となっていた。それでも男の思いは変わらず、吉弥に一生困らないほどの大金を渡して、佐渡島へと帰って行ったのであった。

　玉村吉弥をメインとして扱った章。いつまでも若衆姿に執着する役者が多い中、人よりも早く元服した吉弥の潔《いさぎよ》さ、そして何よりも大男になり若衆姿の美しさを失った吉弥に、変わらぬ情愛を注ぐ佐渡島の男の一途な思いが印象に残る一章である。

　どこかの細工職人が、野郎紋楊枝《やろうもんようじ》（歌舞伎役者の定紋をつけた楊枝）という物を作りはじめて、世間に流行《はや》らせた。歌舞伎役者の中でも、「浮世」の「世」の字を定紋としているのは、この世で一人しかいない。それは、夷屋吉郎兵衛《えびすやきちろべえ》▼注[1]お抱えの**玉村吉弥《たまむらきちや》**▼注[2]という若女方《わかおんながた》だ。吉弥は、そのころの京の都の男たちはいうまでもなく、人妻や娘たちにまで、かなうはずのない恋心を抱かせた。恋するあまりに命まで捨て、古来の葬送地である舟岡山《ふなおかやま》や鳥部山《とりべやま》で火葬され、煙となって天に昇った者もたくさんいた。特に楊貴妃《ようきひ》（唐の玄宗《げんそう》皇帝の妃《きさき》）を演じた芝居で、花をかざしたときに見せた表情は、唐（中国）の美人は見たことがないので比べることはできないものの、そこいらの美人画など相手にならなかった。いつまでもこの少年のまま成長しなかったら、どんなに素晴らしいことだっただろう。

「若衆と庭木は大きくならなければいいのに」

と風流人の小堀遠州《こぼりえんしゅう》（秀吉や家康に仕えた大名。茶人、作庭家）も言っておられたとか。

だが、嘆くことばかりではないのが、この世の中である。大阪の芝居小屋で、歌舞伎若衆への恋にうつつを抜かした奴《やっこ》（武家の使用人）たちが暴れたことがあったせいで、若衆歌舞伎が禁止になり、歌舞伎若衆は一人残らず前髪を剃って野郎頭にしなければならなくなった。このときは、まるで花が咲く前に蕾《つぼみ》のまま散ったような心地になり（これから若衆盛りになるのに、若衆のシンボルの前髪を剃らねばならなかったことを喩《たと》えている）、太夫元《たゆうもと》▼注[3]をはじめ、歌舞伎若衆を抱える親方までもが、深く嘆いたものだった。

しかし、今思うと、これほど幸運なことはない。いくら贔屓目《ひいきめ》に見ても、二十歳《はたち》過ぎまで前髪を残したまま役者勤めをするのは、さすがに無理がある。しかし、年齢による髪型の区別がなくなり、全員が野郎頭となったので、三十四、五歳になっても若衆面《づら》をして、人の懐《ふところ》に入ることができるのである。まったく色事の道とは面白いものである。そういう歌舞伎若衆は、人には自分の年を隠し、節分の豆は少なくごまかして食べ、床での行為も暗がりで済ますけれど、物覚えがよい観客は、その若衆と同じころに初舞台を踏んだ若衆方はもう大人の敵役《かたき》となり、若女方は祖母方《ばばがた》（老女役）になっていることにハタと気付いて驚くのだった。

まあ、舞台上では、たとえ七十歳になる若衆が振袖を着ていても、まったく問題はないことなのだが。とにかく、いくら年をとっても、「夜をともにしたい」という客がいる限り、若衆は質屋に行って金の工面をする必要もなく、年を越すことができるのである。

さて、新春の芝居興行の打ち合わせに行くために、玉村吉弥が四条《しじょう》くずれ橋を渡っていると
き、誰が見てもすぐに北国者《ほっこくもの》（北陸の田舎者）だとわかる男とすれ違った。その男の姿はみすぼらしく、割織《さきおり》の着物（古布を細く裂いて横糸にした粗末な着物）を着て、苧屑頭巾《ほくそずきん》▼注[4]をかぶり、山刀《やまがたな》を差し、肩に連尺《れんじゃく》（物を背負うときに用いた縄）を掛け、京の都の霜先《しもさき》（陰暦十月ごろ）の薬食《くすりぐ》い（寒さに備えて獣《けもの》の肉などを食べること）を当て込んで、狼の黒焼きを売りに上って来たのだった。

北国者が吉弥のこの上もなく美しい姿に見とれて、ぼーっと突っ立っていると、吉弥は気づいて、自分が手にしていた楊枝を、ちょっと喜ばせるぐらいのつもりで、北国者の袖に投げ入れて通り過ぎた。この男は一瞬で吉弥への恋に狂って、売り物を山城《やましろ》喜内《きない》の浄瑠璃芝居小屋の前に放り捨て、自分の国の佐渡島《さどがしま》に帰り、明けても暮れても金銀を蓄《たくわ》えることにひたすら専念した。この北国者、金銀さえあればこの恋はかなうと思い込んだのがなんとも面白い。

そして、「念力岩を通す」ということわざがあるが、この北国者は岩を掘り、吉弥との恋をかなえたいという一念で、金山を見つけ出し、思いがけず突如として大金持ちになったのだった。吉弥に出会ってから五年ほど経《た》ち、やっと北国者は京の都に上ることができ、すぐに馬の乗り物を四条河原《しじょうがわら》まで走らせ、玉村吉弥の行方を芝居小屋の者に尋ねたところ、

「その人なら、大阪の次は江戸で勤めるという役者の慣例《かんれい》で、四年ほど前に江戸に下りなさった」

と答えた。これを聞くやいなや、北国者は京には一泊もせず、今度は江戸を目指した。清少《せいしょう》納言《なごん》は「逢坂《おうさか》の関は許さじ」と詠んだが、逢坂山（現在の滋賀県大津市西部にある山）には、恋路を塞《ふさ》ぐ関守《せきもり》のような人はいないので、思うがままに進むことができた。道中の御油《ごゆ》・赤坂《あかさか》（現在の愛知県豊川市）・金川（現在の神奈川県横浜市、御油、赤坂、金川のいずれも東海道の宿場町）などには、色仕掛けで客引きをする女たちがいて、旅人を引っ張り込んでいたが、北国者はまったく女など相手にせず、品川から江戸に急いで入り、境町《さかいちょう》に行き、芝居小屋の者に吉弥の行方《ゆくえ》を尋ねた。

すると、

「その方なら、ここでの芝居で一花《ひとはな》咲かせてから、人よりも早く若衆姿をやめて、元服しなさった」

といきさつを語った。北国者は一層吉弥に逢いたい思いが増し、取り次ぎを頼んで、吉弥がいるという坂東又九郎《ばんどうまたくろう》▼注[5]一座の楽屋に入ってみると、まだ舞台衣装に着替えている途中の歌舞伎若衆たちの姿は、どれも白粉《おしろい》を塗らない素顔だったが、それでも美しかった。特に吉田伊織《よしだいおり》▼注[6]・野川吉十郎《のがわきちじゅうろう》▼注[7]・加川右近《かがわうこん》▼注[8]は、いずれも有名な美少年であったが、北国者は「私が京の都で出会った、愛しの吉弥殿に敵《かな》う者は一人もいない」と思うのだった。北国者は、あのときの美しい姿の記憶を手がかりに探してみたのだが、どれが吉弥なのかわからず困っていると、取り次

いでくれた者が、大男を連れてきて、

「これが玉村吉弥のなれの果てでございます」

といった。

北国者は、驚いてよくよく大男の姿を見てみると、あのとき、吉弥の姿は一瞬見ただけだったが、今でもその面影《おもかげ》はまだ残っており、かつての美しい首筋を思い出した。吉弥が大男となっても北国者の恋がさめることはなく、その後、人がいないところで京の都での出来事を話すと、吉弥もまた京の都での暮らしが懐かしくなり、

「そのときでしたら、あなたの恋をかなえることができましたのに」

と心から述べた。北国者はとても喜び、「吉弥殿は役者勤めをする身としては優しすぎる」と思い、自分が大金持ちとなったことを隠さず話し、一生の暮らしに困らないほどの金子《きんす》を与えて、再び自分の国の佐渡島へと帰って行ったのだった。

たった一本の楊枝から、このような恋がはじまることもあるのである。すべて歌舞伎若衆というものは、誰にでも色っぽい言葉をかけ、手を握らせるべきなのだ。別に減るもんじゃないのだから。玉村吉弥が情けをかけたおかげで、恋するあまり命を捨てた人は数知れない。かつては江戸中の寺社の絵馬に、乗掛馬《のりかけうま》（旅で人と荷物を運ぶ馬）に乗る吉弥と、馬を引く坊主小兵衛《ぼうずこへえ》▼注[9]の姿が描かれていたそうで、それを見ただけで、吉弥への恋に落ちる者がいたといまだに語り継がれている。

▼注

[1] 夷屋吉郎兵衛——元は京の女方の役者であったが、万治頃から座元として活動した。

[2] 玉村吉弥——万治・寛文頃に活躍した若女方の役者。楊貴妃の役で人気を博した（図①『野郎虫《やろうむし》』国立国会図書館デジタルコレクション）。京で活動した後、寛文元年に江戸に下った（『剥野老《むきところ》』）。

[3] 太夫元——興行責任者。役者を雇って一座を組織し、これを金主《きんしゅ》や座元《ざもと》に売り込んで興行する人。

[4] 苧屑頭巾——苧《からむし》の茎で作った頭巾。鷹匠《たかじょう》や猟師が用いることが多い。図②（『守貞謾稿《もりさだまんこう》』巻十五、国立国会図書館デジタルコレクション）。

[5] 坂東又九郎——初代。元は京の道化方の役者であったが、寛文頃に江戸に下り、座元となった。

[6] 吉田伊織——万治頃に京で活躍した歌舞伎若衆。寛文頃に江戸に下ったらしい。図③（『野郎虫』国立国会図書館デジタルコレクション）。

[7] 野川吉十郎——寛文頃に江戸で活躍した若女方の役者。

[8] 加川右近——万治頃に京で活躍した歌舞伎若衆。江戸での活動は不明。

[9] 坊主小兵衛——寛文・延宝頃に江戸で活躍した道化方の役者。糸鬢《いとびん》に剃り上げた頭が坊主のように見えたのでこの名がついた。

図①

図②

図③

巻6

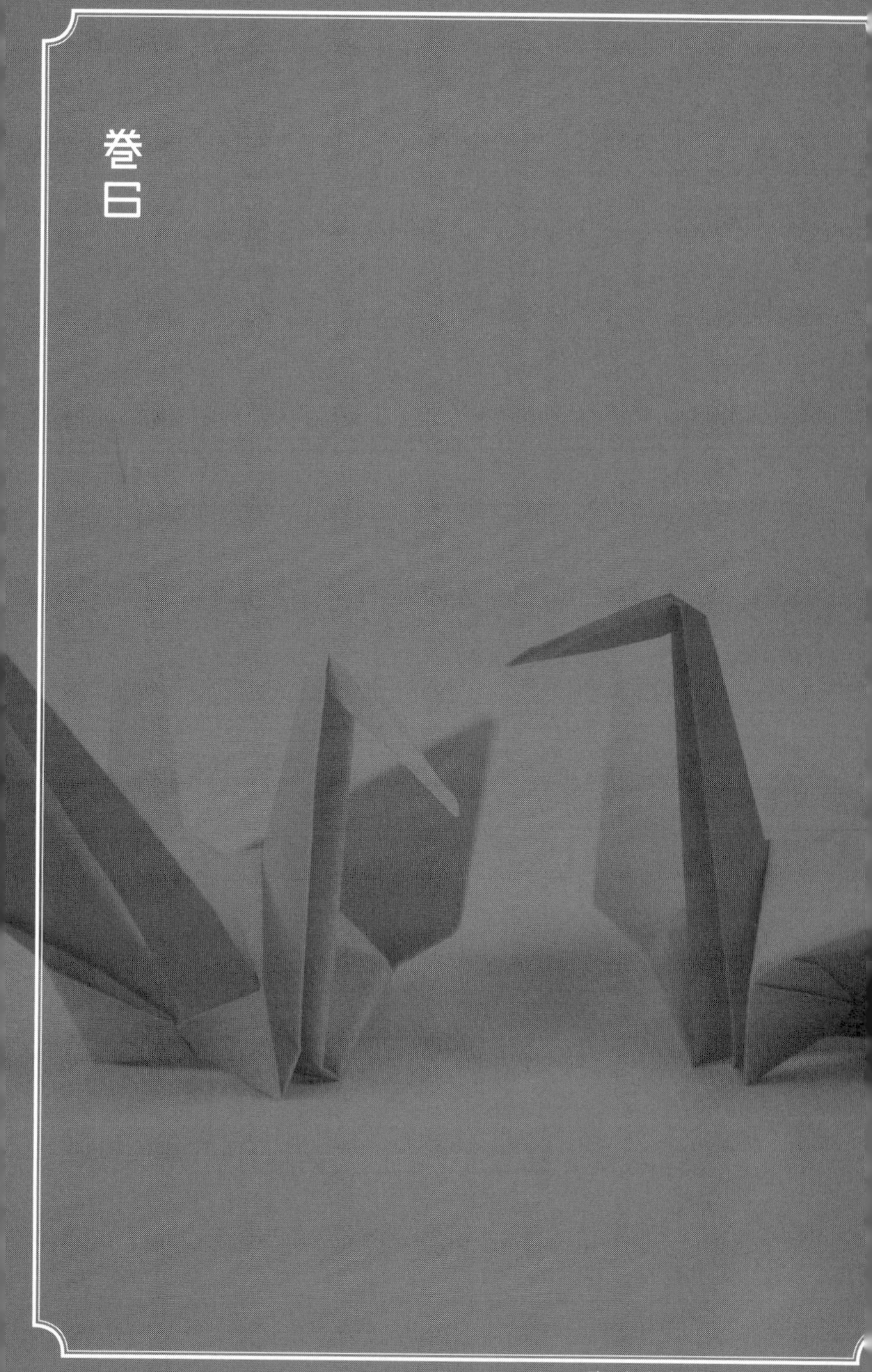

Photo by Carolina Garcia Tavizon on Unsplash

1
情《なさけ》の大盃潰胆丸《おおさかずきびっくりまる》

今生の別れに一度だけでもあなたの情けの淵に溺れたい

《あらすじ》
若衆狂いをする法師という境遇の気楽さから本章ははじまるが、その宴席で語られる若女《わかおんな》方伊藤小太夫《がたいとうこだゆう》の情け深さと、彼の仲間に助けられる女、そしてその夫がドラマの中心。胆《きも》を潰《つぶ》すほどの懐の深さと情け深さとは一体誰のことを指しているのか——考えさせられる話。
若衆狂いの果てに妻子を残して最期を迎えようとする夫のために、恥を忍んで小太夫の形見を手に入れ、夫の恋心をかなえようとする女房。その女房の話に心を動かされ、救いの手を差し伸べる小太夫の周囲の人々。自分を思うあまり焦がれ死にしようとしている見知らぬ男の最期の望みをかなえてやろうとする小太夫。それぞれの情け深さは読む者の涙も誘う。それにしても結末部で女房を迎えにきた怪しい一行は一体誰なのか。女房と亡くなった夫の正体とは？謎は最後に深まる。

人には木の切れはしのように役立たずと思われている……と、かの清少納言《せいしょうなごん》が『枕草子《まくらのそうし》』で述べたように、法師は人からつまらない存在だと扱われるというが、法師ほどこの世で気楽なものはない。自分がしたいことをして遊び、各々の寺の宗旨に沿って学んだ経を読み、檀家の人々に僧衣を着てご機嫌とりに会いに行くよりほかの勤めもない。檀家から包まれるお布施《ふせ》金がたまっていくのを無意味に使っても仕方がないと、恋の手始めとして、これぞ出家の身にふさわしい遊興、芝居子《しばいこ》すなわち若衆狂いをしてみるのである。

若衆と色っぽく過ごす酒宴座敷においても法師としての身の大事を忘れることはなく、精進の禁忌を固く守り、酒の魚といえば焼《や》き麩《ふ》に柳茸《やなぎたけ》の煮しめ、冷やした甘い栗に木天蓼《またたび》の酢味噌和え、浅草海苔に梅干しのお吸い物を並べる。この肴で一晩中よくも飲めるものだと思うが、法師としてのその誠実な心がけは、酒席であっても殊勝千万なことと思われる。たとえ仏様がその場で覿面《てきめん》な仏罰をくださることはないからといって、学識もあり悟りの深い僧が魚鳥の杉《すぎ》焼《やき》を口にするわけにもいかぬことだろう。もしも酒の肴《さかな》に思うままに魚肉を食べ、世間を憚《はばか》らず女色《じょしょく》に耽《ふけ》ることができるのならば、気楽に過ごせる出家にならないのが損というものである。

ある高僧が物好きに任せ、京生まれで若女方《わかおんながた》として評判の**伊藤小太夫**《いとうこだゆう》▼注[1]に、歌舞伎舞台の衣裳を着せ、鬘《かつら》もそのままで、女の優美な格好で酒宴にはべらせた。それを座興となさったのは、いかにも女性に普段接することのないその和尚様の女珍《おんなめずら》しい▼注[2]お気持ちがそのまま

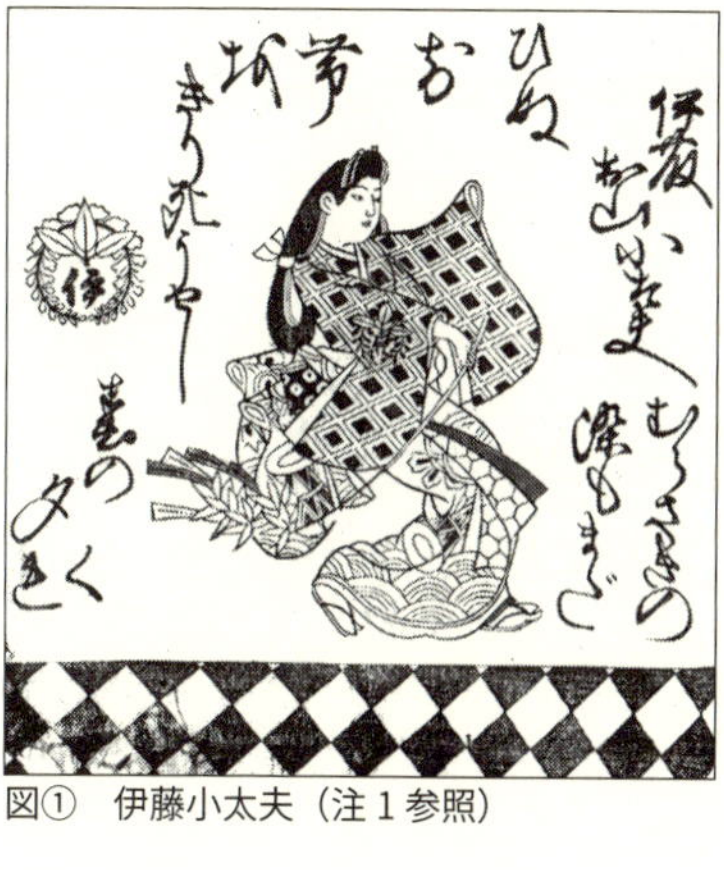

図①　伊藤小太夫（注１参照）

あらわれたものと感じられ、周囲はこれを好ましいものと評価したのだった。

折しもこの乱れ座敷に同座していた猩々《しょうじょう》の源《げん》兵《べ》衛《え》という男がこの小太夫の様子を語った。

「伊藤は古今稀《まれ》なる色気のある酒宴さばきで、同じ仲間で酒宴の場所も変わらないのに、この太夫一人の座敷さばきで、あらゆるものがまったく別世界のように眺めが変わり、東山《ひがしやま》に出る月の面《おもて》も若女方が紫の帽子▼注[3]をかけているように見え、祇園社《ぎおんやしろ》の森の烏《からす》の羽の色も、かの京の染師、鶴屋宗伝《つるやそうでん》の洒落た唐茶《からちゃ》色に見えてくる」と。

今をときめくこの美しい君に心を浮かされ、私（＝作者西鶴）だけでなく誰しもが、夜が明けて宴が終わってしまうのを惜しみ、「秋の夜の夢ばかりなる手枕《たまくら》に」などと周防内侍《すおうのないし》の古歌▼注[4]に「春の夜の」とあるのを取り違えるまでに前後不覚になったのだった。

さすれば、たとえば唐の詩人杜牧《とぼく》▼注[5]が、始皇帝の築いた阿房宮《あぼうきゅう》に残した賦《ふ》に、「一人の心は千万人の心なり」と書き残した通り、多くの者が同様に彼を愛し、伊藤小太夫の情けの淵に溺れない者はいなかった。

粋人とされたお歴々も小太夫の情けの淵によいように泳がされ、恋心のやるせなさに悩み果てるのだ。世に素晴らしい若衆は多くいるはずだが、この小太夫は性格もおおらかで生まれつき物静かであり、まったく天性の若女方といってよい。その身なりはいかにも当世風で、身のこなしはゆったりと柔らかで、声はしとやか、さらには舞にも優れ、すべての拍子を聞き分けるときている。その上染川林《そめかわりん》之《の》助《すけ》▼注[6]が乗りはじめた綱渡りも、林之助が二つ縄であったのを一本にして渡り、都の人々の目を驚かせたが、これはとても人間業《わざ》とは思われなかった。

特に「吉野身請《よしのみうけ》▼注[7]」の狂言芝居で小太夫が吉野太夫の道中を演じた際には、本物の吉野でさえも、伊藤小太夫に比べると色を失ってしまい、桜が藤に魅力を奪われるように、つまらない桜に成り下がったと世間ではいわれたのだった。

今更改めて評判するのもくどい。小太夫の素晴らしさが確たるものであることを示す証拠をご存知であろう。若衆狂いに身を焦がしてもそれを止められない者が、この小太夫を「墓場」と呼んだのが何よりの証拠。小太夫と情けを交わすには一晩の揚代《あげだい》に銀三枚（銀一枚は四十三匁《もんめ》、約五万六〇〇〇円）もかかる。ゆえに身の破滅を招くという意味で「墓場」と呼んだのだ。金に細かい京の人間が、小太夫と枕を交わす一夜の夢に秤目《はかりめ》きっちり銀百二十九匁（約十七万円）もかけたのだ。いかに恋のためだからといって、よくも思い切ったことをしたものだ。総じて値段の高いものに悪いものはない。

この太夫には、京中の女が貴賤に関係なく心を寄せ、その恋心を伝える間もなく焦がれ死にしたものが後を絶たなかった。恋文などをなんとか伝《つて》を頼って送った女もいたが、仮初《かりそ》めにも拾い上げなかったのは小太夫が薄情だったからではない。彼自身は女と交わるべからずという衆道の意気地をおそろかにしなかっただけのことなのだ。

するとの傍らのもう一人が続けて、

「今どきの歌舞伎若衆は、衆道勤めのうちは仕方なく脇あけの大振袖を着ているが、暇のある夜は大人用の丸袖を着て、祇園町《ぎおんまち》、石垣《いしがき》、上八軒《うえはちけん》、穴奥《こっぽり》、八坂《やさか》、清水《きよみず》の茶屋▼注[8]を女を求めて探し歩き、土手町《どてまち》の素人女にまでもお忍びで通い、自宅では裁縫女にまで手を出すので、裁縫女は昼に居眠りをする始末。それどころか、あまりに悪所《あくしょ》通いして女色に耽《ふけ》るので、にきびまででてきて、衆道の形《なり》などもう捨て去ったようになり、その心根の卑《いや》しさから花の盛りを見限られてしまうのは情けないことだ。すべての若衆が慎むべきはただ一つ、この女色である。五年あるいは三年も経って若い盛りを過ぎれば、昼夜に関係なく道ばたで女を釣ったとしても人からとがめられることはない。およそものの道理のわかっていない幼い若衆だとしても、そのくらいの算段はできそうなものなのに」

といったので、座敷にいた人々は笑ったが、そもそもが酔って浮ついた大座敷でのこと、だんだんと酒宴の騒ぎも収まって、汗はもとの水に流そうとその家の風呂にわいわいと入っていった。

春の日も暮れてきて、板屋根に静かに音もなく小雨が降りはじめたころ、この雨で明日は梢の蕾《つぼみ》も開くのが見られるだろうと思われ、岸辺の蛙がせわしなく鳴く声もどことなくゆるやかに聞きなされた。

そのときふと笹垣の外を見ると、女ざかりの三十二、三歳の美しい女がいる。額際《ひたいぎわ》から自然に伸びた美しい黒髪なのだが、いつ髪を梳《す》いたかもわからないほどで、髪油《かみあぶら》の香もすっかり絶えて、髪の端は手入れもせずただ無造作に折り曲げて、古暦《ふるごよみ》を引き裂いた紙でちょっと結んだだけである。着物は薄椛染《うすかばそめ》▼注[9]の小袖に山尽《づ》くしの模様▼注[10]が描かれたものだが、その山の景色もかすれてしまうほどに着古し、肩先に描かれていた吉野山《よしのやま》は破れてしまったのか、そこに浅葱木綿《あさぎもめん》▼注[11]の端切《はぎ》れをあて、裾模様にあった末《すえ》の松山《まつやま》のところも横縞の布を継いである。腰には男物の小倉《こくら》帯《おび》▼注[12]に粗い麻布を端継《はしつ》ぎしてあるのを左の脇腹で結んでいる。緋縮緬《ひぢりめん》の腰巻きだけが色あせてはいるものの、さすがに女の色香は少し残っていて、どのような人のなれの果てなのだろうかと、見る者の興味を引く。髪置《かみお》きする年ごろ、つまりは三、四歳ほどの子どもに紙子《かみこ》▼注[13]の広袖（袖の脇があいた着物）を着せ、河原に自然に生えている菜種の花を二、三本手折って、息子が泣くのをなだめながら、

「お前の父様は病にお倒れになり、とても手の届かない若衆様を思い焦がれるために命をとられておしまいになる。その若衆様というのは、あそこに見える藤の丸の中に伊の字の紋所▼注[14]を、江戸《えど》紫《むらさき》の大振袖に付けていらっしゃる方です。昔から朝の紫がかった空が美しいというけれど、夕方の紫もやはりなおのこと美しく見えますね、ご覧なさい」

と言って、息子を肩車に乗せ、青葉の茂る立木の陰から空が見える高さに上げてやるのだった。

息子がいたいけな小さな手を合わせて、

「あれは仏様ですか」

と一身に拝む姿はなんともかわいらしくほほ笑ましい。その様子を見ていた皆々は垣根越しに聞くのに堪《た》えかね、杉の格子戸を開けて外へ飛び出したが、それを見た女が驚き、まごつきな

がら逃げて行こうとするのを引きとどめて、事情を尋ねた。女は、

「恐ろしゅうございます」

と消え入りそうに言うばかりだが、そういいながらうつむく風情は、よくよく見ればまばゆいほどの美しさであった。外に出た皆に、

「どうしてこのように恥じらいながら、ここまで忍んでおいでになったのか」

と否応《いやおう》なく問い詰められ、真珠をつないだような涙を両袖にこぼしながら恋のはじまりを語り出すと、日ごろ随分大胆な奴らも皆涙した。話を聞けばこれも至極当然のことであった。

　女は語った。

「今はもう恥じることでもありません。お尋ねいただけたことがうれしゅうございます。私の連れ合いは、京で評判になるほど衆道に身を投じていた者です。盛んなときには難波《なにわ》（大阪）の梅の花ともいえる松本才三郎《まつもとさいざぶろう》と相親《あいした》しみ、武蔵野《むさしの》（江戸）の月も嫉《そね》むほどの美しさを誇る花《はな》井才三郎《いさいざぶろう》▼注[15]と戯れ、京都四条河原《しじょうがわら》では村山久米之介《むらやまくめのすけ》▼注[16]に入れ込んで魂を失い、久米之介の抱《かか》え主《ぬし》牛房庄左衛門《ごぼうしょうざえもん》様のところで夢を現《うつつ》と暮らしていたのです。過日の紙漉町《かみすきちょう》の芝居小屋、その踊りの場で起きた喧嘩《けんか》▼注[17]でも、久米之介様のために危険を顧みず命も惜しまず男を立てられたほどでありました。それにしてもこの世ほど定めがたいものはございません。かつて裕福だったころに暮らしていた室町《むろまち》の本宅にも今はいられなくなり、この世に生きるかいもなく北野《きたの》の場《ば》末《すえ》、二月二十五日の天神様の梅花祭以外は人の顔もめったに見ないような日陰の地にひっそり

と暮らし、つらいことばかり聞きながら日を過ごしております。卯木《うつぎ》の耳かき細工を生業《なりわい》としてその日暮らしになってしまっても、衆道へ傾ける恋心は忘れることなく、いつのころからかそうしたことは口にせずなんだかぼんやりとしながら悩んでいた様子でした。それが、いよいよ今日を命の限りというときになって、枕に横たわったまま、哀れな声で『ああ、あの人を見ないでこの命は尽きてしまうのか、あの伊藤小太夫様を……』と男泣きに泣きますので、女の身にとりましても悲しく、暮らしも貧しくございますのでひとしお痛ましく思われました。せめて太夫殿への伝《つて》を介して書き捨ての文か何かだけでも申し受け、連れ合いの最期を心穏やかに迎えさせてやりたいと存じます」

と事のあらましを語りきってしまうと、むせび泣くよりほかはなかったのだった。

情けを知る人々が皆、しばらく女の志《こころざし》に感じ入り、太夫には知らせずに太夫の着馴《な》れた藤の定紋《じょうもん》付きの緋無垢《ひむく》▼注[18]の小袖を女にやって、

「これを見せなさって、あなたの連れ合いが元気を取り戻されたら、そのときに小太夫様への思いを遂げさせてあげましょう」

というと、この女はさらに涙を流し、

「本当にありがたいことでございます。早く帰ってあの人にこのことを聞かせねば」

といって帰っていった。その後に人々が伊藤に事情を話したところ、

「その方はどこへ行ったのです。その女性は誰なのです」

なくなっていた。


といってとりあえずは二、三町《ちょう》（約二、三〇〇メートル）も追いかけてみたが、すでに行方がわから
　小太夫は嘆き、

「私ゆえに命を落とそうとしているのです！　なんとしてもその人にお逢いしてその思いを受けとめ、遂げさせてあげねばなりません！」

と狂乱したようになった。そうしているうちにようやくその日も暮れ、翌日の暮れ方、人の顔がぼんやりとしてくる時刻になって、かの女が再びやってきた。女は昨日の小袖を返しながら
「人の命は儚《はかな》いものです。連れ合いはこの明け方に弔《とむら》いまして煙となりました。この着物を見まして、『なんともうれしい、まるで小太夫様にお逢いできたようだ。もはやこれで思い残すことはない』と身を震《ふる》わせつつ言葉も絶え、そのまま亡くなってしまいました。私だけがこの世に残され、悲しいことでございます」

と泣くので、この顚末《てんまつ》に関わり、居合わせた者は皆、あまりの悲しさと哀れさに魂を失ったようであった。ともあれ事情を細かに聞いた上で、手厚く弔《とむら》ってと皆が思っているところへ、見知らぬ男女が大勢駆けつけ、説明も何もないままにその女房を駕籠《かご》に乗せ、

「このようにみっともないことをなさるとは。親御様のご外聞《がいぶん》に関わりますぞ」

と言って、月夜に提灯《ちょうちん》をともす無用の奢《おご》りを示して、手前勝手に騒ぎながら帰っていったのだった。

▼注

［1］伊藤小太夫――二代目伊藤小太夫のこと。上方と江戸で広く活躍した。「面体みやびやかにして女の所作芸うつらぬといふことなし」とされた。当時の名女形上村吉弥《うえむらきちや》と肩を並べる存在であった。延宝六年（一六七八）京都北側芝居で「吉野身請」で吉野太夫を演じ、長く大入りとなった。傾城《けいせい》役を得意としたとされ、小太夫が舞台でまとった衣裳の模様は「小太夫鹿子」と呼ばれ、人気となった。図①（『古今四場居色競百人一首《ここんしばいいろくらべひゃくにんいっしゅ》』東京大学総合図書館蔵）。

［2］女珍しい――女性に接することが少なく、女性を愛らしく感じること。

［3］紫の帽子――歌舞伎の女方が月代を隠すために額にあてた紫の布のこと。

［4］周防内侍の古歌――「春の夜の夢ばかりなる手枕にかひなく立たむ名こそ惜しけれ」（『千載和歌集』）。

［5］杜牧――晩唐の詩人。秦の始皇帝が築いた阿房宮に『阿房宮賦』を書き残したとされる。

［6］染川林之助――寛文期の上方役者という。それ以外は未詳。

［7］「吉野身請」――京島原《しまばら》の太夫吉野を長崎の大尽が千両で身請けし、長崎へ連れ帰った件をもとにした狂言。延宝六年京都北側芝居で長崎の大尽小倉屋源兵衛を嵐三右衛門が、吉野太夫を伊藤小太夫が演じた。

［8］祇園町～清水の茶屋――すべて当時の京の私娼街（京都図、236ページ参照）。

［9］薄椛染――薄椛色は薄い橙色に近い色。

［10］山尽くしの模様――各地の名所の山を布地に描いたもの。

［11］浅葱木綿――浅葱裏という呼び名で一般に下級武士の着物の裏地に使われる緑がかった薄い藍《あい》色の木綿の布地のこと。

［12］小倉帯――豊前小倉で作られた丈夫な木綿織物「小倉織」の帯。

［13］紙子――紙子紙《かみこがみ》（厚手の和紙に柿渋を塗り、乾かしてもみやわらげたもの）で作った衣。布地よりも安価なため貧しい人々が利用した。

［14］藤の丸に伊の字の紋所――図①参照。

［15］花井才三郎――貞享五年（一六八八）刊の『野郎役者風流鑑』では中村座役者四天王の一人とされる。寛文・元禄に活躍した江戸の役者。初め若衆方として中村勘三郎座に出たが、後に立役に転じている。

［16］村山久米之介――万治三年（一六六〇）刊歌舞伎評判記『野郎虫《やろうむし》』の村山座の項に「ごんぼ（ごぼうのこと）庄左衛門内村山久米之介。面体よし、小歌は座中並ぶものなし」とある。図②（『野郎虫』国立国会図書館デジタルコレクション）。

［17］紙漉町の芝居小屋の踊り場での喧嘩――「紙漉町」は巻七の一に「大仏の辺り紙漉町」とある地、方広寺《ほうこうじ》（京都図、236ページ参照）のあたりと同じか。芝居小屋での喧嘩は、明暦二年（一六五六）京都坂田定左衛門座で橋本金作と客が桟敷《さじき》で口論となった騒動を指すか。

［18］緋無垢――ここでは小太夫が肌着として来ていたと思われる、緋色（鮮赤色）で表裏を同じ色の同じ布で仕立てた着物。

図②

2 姿は連理《れんり》の小桜

猛《たけ》きもののふも迷う若衆美、時間よ止まれ

《あらすじ》

理想の若衆の心を動かしたのは、金でも身分でもなく、「手紙」だった――。

文中に語り手のつぶやきが登場する、ライブ感のある一章。話は「桜」をその名に持つ小《こ》桜《ざくら》千《せん》之《の》助《すけ》が主人公。声もよく美貌《びぼう》の持ち主である上に性格がよく、しかも身持ちが堅い、理想の若衆。聞きどころの一つは舞台上での千之助の長台詞《ぜりふ》。千之助の台詞がはじまる際に観客が騒がしいことに対して、語り手が「ここが聞き所ぢや、だまれ」とつぶやきを入れるのがなんともおかしい。一方舞台では、千之助が「皆々様の恋をかなえましょう」とその手に持った連理の枝に結び付けられた手紙の一つが、ドラマを生むことになる。備前《びぜん》岡山から出てきた武士が行成流《こうぜいりゅう》の筆でしたためたその手紙は先の千之助の長台詞と呼応するような長文で、これも読みどころである。この手紙にあふれる情熱が千之助の心をとらえ、やがてその武士に思いを遂げさせ、腕に傷を入れる心中立て（相手への誠実さを示す振る舞い）までさせることとなる。

天竺（インド）の荷葉《かよう》（蓮）、大唐（中国）の牡丹《ぼたん》、和朝（日本）の小桜《こざくら》、これらの花々は花の随一と定められ、詩歌や管弦の遊びのもととされている。しかしながらあらゆる草木は物をいわず、しかも手も足もないので歩くこともなく、吉野の嵐や初瀬《はせ》の雨[注1]にまかせて瞬く間に花を散らしては、春の終わりを人に知らせ、かえって世の無常を痛感させるものとなっている。

一方で若衆の姿の花々は草木と違って散ることがないので、見飽きるということもない。**小《こ》桜《ざくら》千之助《せんのすけ》**[注2]の若衆盛りの姿は、千本の若衆桜の中でもひと際抜きんでており、そのリアルな芸風はまるで本物の女を舞台に上げたかのようで、女の目にすらまばゆく感じられ、まじまじとその顔を見つめることができる人はいないほどであった。

近年稀《まれ》な役者で、口を大きく動かすことなく歯切れのよい言葉を発し、聞こえてくるその声は情けを含み、えもいわれぬほほ笑みを湛《たた》え、観客は見とれてぼうっとしてしまうので、煙草の吸い殻の火が袖に燃え移って煙が出ても気付かないほどである。周の幽王《ゆうおう》が寵妃《ちょうひ》（褒姒《ほうじ》）▼注[3]もかくあらんと、その美しさのほどが思われるのであった。

しかし千之助はその美貌《びぼう》にもかかわらず身持ちはことさらに堅く、役者勤めのほかは夜歩きもせず、早朝であっても同じ家内の下働きの者にでさえ寝顔を見せたことがない。じかに会った者にしかわからない優しいところも多く、どんな人にも愛敬のある振る舞いを見せる人であった。

これは大阪難波《なんば》の四天王寺《してんのうじ》▼注[4]にお立ちになっている愛染明王《あいぜんみょうおう》▼注[5]を、役者たちが深く信仰したご利益であろう。そのご仏前には修行中の身の陰間《かげま》の少年たちははともかくとして、名だたる役者が定紋《じょうもん》を描いた紋提灯《もんぢょうちん》を奉納し、仏の恩恵を蒙《こうむ》ろうとする。桐《きり》の薹《とう》▼注[6]の紋は松本小太夫《まつもとこだゆう》▼注[7]、二つ木瓜《もっこう》▼注[8]は袖岡今政之助《そでおかいまさのすけ》▼注[9]、重《かさ》ね柏《がしわ》に巴《ともえ》▼注[10]の紋は鈴木平七《すずきへいしち》▼注[11]である。それぞれが願を掛けて奉納したこの提灯を払い清め、掃除をしていた法師たちがご本尊を安置する内陣を調べてみると、一通の願状が封じ込めてあった。

世に鼠ほどうるさいものはないというのはまったくその通りである。せっかく封じ込めてあったその願状は、鼠が好き放題に食い破ってあった。それを開き、その筆跡を見てみると、願主《がんしゅ》小桜千之助として「私には思うところがございますので、この五年間、自分自身に都合のよいことは一切やめにいたします。大願成就が達せられますまでは、堅くこの身を清め続けることにいたします」とあった。掃除をしていた法師たちはその場で所々切れ切れになった手紙を読んで、捨ててしまったが、私はちょうどのその折に参詣しており、この話を聞いて、千之助の誠実な心からのことなのだろうと、その志を殊勝なことと感じたのだった。

しかもその日は二月一日で二月の興行の初日でもあったので、この若衆に惹かれてすぐに荒《あら》木与次兵衛《きよじべえ》▼注[12]座に芝居見物に出かけた。今日から正月初芝居に替わり、三番続きの口上には松本《まつもと》文左衛門《ぶんざえもん》▼注[13]が登場し、書き付けをもって芝居の外題《げだい》を述べ、役者の演じる役割をなめらかに読み上げた。「よくぞ上手に申したもの」という観客の褒め言葉も終わらぬうち、色香の深い桜のような美しさをまとった若女方が、幕を押し開けてその姿を見せた。

「いよっ！　いよっ！　千様、千之助様、万人の中にも二人とはいらっしゃるまい。今の世の人殺し。お前様のあまりの美しさのおかげで生きながら墓へ送られてしまうわ」

という喝采が舞台裏まで響き渡り、その人々の騒ぐ声を鎮めようと囃子方《はやしかた》が半開きの扇▼注[14]を合図としてかかげるとようやく静まった。ふと見ると新しい趣向の張り出しの舞台の真ん中では修《しゅ》行者《ぎょうしゃ》姿で鳥足《とりあし》の高下駄《たかげた》▼注[15]を履き、その身は紙子《かみこ》にさまざまの面白い寄裂《よせぎれ》▼注[16]模様を施した衣裳をまとった千之助が立っている。その衣裳を目にし、「この子だからこそ着こなせるものだな、下々の女方などが着ても似合うはずもない」と早くも西側二軒目の桟敷から通《つう》な観客が噂をしている。千之助は首にかけた叩き鐘の音色までも優美で、正面に少しほほ笑んで、観客を静かにさせると、色香を含ませて、麗しい口元から台詞を述べはじめた。よし、ここが聞き所だ、皆黙れよ。

「ただ今ここを勧進《かんじん》いたして通ります私は好色中興《こうしょくちゅうこう》の世捨《よす》て者《もの》、夫婦妹背《ふうふいもせ》の仲を祈願いたします修行者でございます。されば、足柄《あしがら》・箱根《はこね》・玉津島《たまつしま》・貴船《きぶね》・三輪明神《みわみょうじん》は、夫婦男女の仲をお守りなさる神様でございますから、私はこの心中に大願を抱き、隔夜修行《かくやしゅぎょう》▼注[17]をいたしております。私の志と申しますのはかくのごときことでございます。私には深く思う恋人がおりましたが、月には雲の障《さわ》りがありますように、思うことがかなわないのが浮世でございまして、飽きも飽かれもせぬ深い仲でございましたけれども、引き裂かれ別れさせられた悲しさは命も絶えんとするばかりのことでした。しかしながら私の身は前世の宿業《しゅくごう》によってこのような憂き目に遭いましても、せめてはこの世にある恋する人たちの守り役になろうと身命を投げ打って、世の中の恋する人のためにこの五社の大明神にお祈りいたしました。神も私の祈りをご納受くださりまして霊験あらたかなるお告げを蒙《こうむ》り、この連理《れんり》の枝▼注[18]を授かりましてございます。『多くの恋を進め成就させ、千人に達したらば供養をせよ。その縁を結んだ者たちは男女によらず、見目よく品よく姿形もよく、しかもその心根はさらによく、一生涯言い争いをすることなく、この世も後の世もまたその後の後の世も、守り遣わそう』とのご託宣《たくせん》でござる。皆様そのお心の中によい奥様や殿御《とのご》を持ちたいと思われますならば、皆様の御文《ふみ》をこの連理の枝に結び付けなされませ。さすればどのような恋もかなわぬということはござりませぬ」

と、さてもさても長い台詞《せりふ》をつかえることなくすらすらと千之助が申し終えると、浮気男たちはそれぞれの文を思い思いに枝に結び付けた。その中に年のころは二十四、五と見える人がいたが、富士おろし▼注[19]という大編笠《おおあみがさ》を脱ぐと、紫の綿帽子《わたぼうし》▼注[20]で頬被《ほおかぶ》りをして顔を隠していた。何が書いてあるのかはわからないが「思いこのうちにあり」と書いて封をした立文《たてぶみ》▼注[21]一通をしとやかな様子で結び付けて、千之助の姿を見つめる様子は、普通の人と比べてその思い入れが深いように見えた。

千之助が楽屋に入り、人々が集まってき連理の枝に結ばれた文を見ると、大方は「惚れました、命々《いのちいのち》」などと書いており、なんということはない。

しかし例の文を開けた途端、笑うことなどとてもできないような、行成流《こうぜいりゅう》▼注[22]の運筆に、まずはその文の品位が素晴らしく感じられるのであった。

色即是空《しきそくぜくう》、空即是色《くうそくぜしき》、▼注[23]いざなぎ・いざなみ▼注[24]の交わりの御事などは申すまでもありません。すべてこの和国の姿は、心なき草木も色香を漂わせる様子をしております。まさに時も時、今日二月一日の日の光もまた然《しか》り。こうした色香を心に含んでいる若衆は稀なものです。心に色香がなければ、さまざまな演技にそれがにじみ出ることもないでしょう。役者の演技は諸人の目を楽しませる戯れに過ぎないとみる人もありましょうが、私めはそのようには思いません。連理の枝を持つ千之助殿は自然とその色香に心を染め、それが外にあらわれて、盛りの色香を醸し出されているのでしょう。さて、この衆道は身分の高き卑《いや》しきの区別のない修行の道でありますから、どうして願ってかなわないことがありましょうか。ただ一筋に願っていれば、生き如来のごとき千之助殿も私を捨て置かれはしないでしょうと、たとえ人が大勢で笑い崩れても、笑うならば笑えと君ゆへの恥はなんとも思いません。ああ、このように拙《つたな》い口でいうのがくどい。どうか君の真実の心を表し、羽のない鳥のような私めをその連理の枝に宿らせ、君と比翼の鳥▼注[25]になる思いをさせてくださるならば、七世までのご厚情を忘れますまい。さもなくばこの世に七回生まれ変わっても恨みが尽《つ》きないでしょう。今月の十日にこの場所でこの姿で、この手紙のお返事を受け取りたいと存じます。必ず必ず必ずですよ

人々が寄り集まってこれを読み、手紙の送り主の気持ちをあわれに心深く思っているところに、北方角（陰気な）の九郎助という人が居合わせた。私もまたそこにいたのだが、九郎助がその手紙を袂に入れて持っていこうとしたとき、千之助が近づいてきて
「私を恋い慕っての文です。いい加減には扱えません」
と真顔になって取り返した。せっかくの手紙だったのに残念で、せめてもとその場で筆を速めて書き写して帰った。

その後千之助がその手紙の主の居所を尋ねたところ、上町《うえまち》▼注[26]の笹籠《ささの》屋を宿としており、備《び》前国《ぜんのくに》からわけあってこの京に来て身を隠している人で、昔は卑しい身分のものではなかった

ことがわかった。千之助は子細を聞くまでもなくひそかに自分の家にその男を引き取った。春の夜の闇はうれしくはない。昼見る桜よりも寝道具を乱して散るこの桜――千之助の方が美しい。寝床ではいろいろと粋な振る舞いをさせ、その男が「明け方の烏《からす》が憎い」というとき、千之助はその男を送り出しながら「今日に限らず、また」と心を込めたものをその手に渡してやった。その男はうれしさのあまり、

「この衆道においては時代遅れの振る舞いではあろうが、せめてもの気持ちに」

と脇差《わきざし》を抜くや否や自分の腕に二、三本斬《き》り付け▼注[27]、季節外れの紅葉のように腕に滲んだ血を見せて帰って行った。その後この男を尋ねたが、行方知れずになってしまっていた。千之助はこのことを人に語らなかった。人の情けを深くわきまえた人だったのだ。

あるとき、田中屋治右《じえ》方▼注[28]で、あの九郎助も同座して宵から酒を飲んでいたが、小桜千之助の草履《ぞうり》取りの駕籠《かご》の作《さく》という男が座に来たのをこれ幸いと、酒を飲ませ酔わせた上で

「いつかの文の結末はどうなった？」

と尋ねたところ、一部始終を語ってくれた。

聞く人はこれはと驚き、まったく千之助という人は若衆の心が深く根差した人だ、これぞ小桜ではおさまらぬ恋の山桜だと褒めたたえ、今は盛りのその若衆盛りの時期が桜のように散ってしまうのを惜しまない者はなかった。

▼注

[1] 吉野の嵐・初瀬の雨――吉野や初瀬はともに多く桜とともに古歌に読まれた地名。歌枕。

[2] 小桜千之助――初代小桜千之助のこと。初代上村《うえむら》吉弥《きちや》の門弟。延宝から貞享にかけて活躍した若女方の名手。西鶴の『難波《なにわ》の㒵《かお》は伊勢《いせ》の白粉《おしろい》』には大阪荒木与次兵衛《あらきよじべえ》座の若女方として載り、「小太夫と千之助が生うつしの狂言で見たがまだ正直の吉野よりにせの小桜がはるかまさつた」とある。前話の小太夫が島原の吉野太夫と比較されているのはあるいはこのことか。本話は「小桜」の名からの縁で吉野が地名で述べられるにとどまる。図①『古今《ここん》四場居《しばい》色《いろ》競《くらべ》百人一首』（東京大学総合図書館蔵）では「諸人の天晴とおもふさくらやま花よ月よと云人ぞある」の歌とともに絵姿を載せる。

[3] 褒姒――傾国の美女。烽火を上げるとほほ笑むので、その笑顔見たさに幽王は何度も烽火を上げたという。袖の煙に驚かないことから連想した故事。さらに褒姒と千之助の美しさを重ねた。

[4] 四天王寺――大阪市天王寺区にある四天王寺のこと。

[5] 愛染明王――四天王寺の支院である「勝鬘院《しょうまんいん》」の本尊で、恋愛や縁結びの神として信仰されている。

[6] 桐の薹の紋――桐を図案化した紋の総称。図②は五三の桐。「薹」は花軸のこと。

[7] 松本小太夫――寛文・延宝期の上方の若衆方の歌舞伎役者。『野郎大仏師《やろうだいぶつし》』に「容顔《ようがん》いかにもうるはしく」との評が載る。

[8] 二つ木瓜――木瓜は、紋所の名。瓜を輪切りにしたものなどを図案化したもの。図③（鳥居清信「初代山中平九郎の太宰之丞、初代市川団十郎の不破伴左衛門、二代目袖岡正之助の女房藤が枝」Museum of Fine arts Boston）の正之助の衣裳の紋様がこれである。

[9] 袖岡今政之助――二代目。『野郎立役舞台大鏡《やろうたちやくぶたいおおかがみ》』に大阪荒木座の若女方として載る。元禄四年（一六九一）江戸に下り、江戸でも活躍したとされる。図③参照。

[10] 重ね柏に巴の紋――柏の葉を重ねた模様の下に巴紋を配した紋。

[11] 鈴木平七――貞享・元禄期の大阪の若衆方役者。元禄六年には江戸に下った。『役者雷《やくしゃいかずち》』には山村座の役者として絵姿が載る。

〔12〕荒木与次兵衛座――大阪堀江にあった。荒木与次兵衛（初代）は天和から元禄にかけて、主に大阪で立役、および、座元として活躍した役者。寛文四年（一六六四）に『非人敵討』を演じて名声を博した。

〔13〕松本文左衛門――上方の立役の役者。『古今四場居色競百人一首』に名前が見える。

〔14〕半開きの扇――片扇。騒ぎを鎮めるときなどにするあおぎ方。

〔15〕鳥足の高下駄――下駄の下に長い鉄の棒を付けてその先を鳥の足のように開いた形にした履物。修験者らが用いたとも。『西鶴諸国はなし』巻一「不思議のあし音」にもこの履物を履いた人物が登場する。

〔16〕寄裂――本文中では「切り継ぎ」。いろいろな布や紙をパッチワークのようにしたものか。ここでは紙子にそのような飾りをしているのだと思われる。

〔17〕隔夜修行――神社仏閣を一晩ごとに泊まり歩いて参詣する修行。

〔18〕連理の枝――一本の枝が別の枝とつながり合わさったもの。男女の契《ちぎり》の深いことにたとえられる。白居易『長恨歌』「天にあっては比翼の鳥となり、地にあっては連理の枝となる」。

〔19〕富士おろし――富士山の形に似せた大編笠。

〔20〕綿帽子――真綿を引きのばした帽子。江戸時代初期には中年以上の婦人がかぶった。図④（『日本永代蔵《にっぽんえいたいぐら》』巻六の二）。

〔21〕立文――書状を礼紙で巻き、さらに白紙で包んで、包み紙の上下を筋違いに左、次に右へ折り、さらに裏の方へ折り曲げて封をした文。

〔22〕行成流――平安時代の三跡の一人、書家藤原行成が祖となった書道世尊寺流のこと。

〔23〕色即是空空即是色――般若心経の一節。

〔24〕いざなぎ・いざなみ――古代の日本で初めに男女の契りを結んだ二人の神。

〔25〕比翼の鳥――前出「連理の枝」とともに長恨歌に歌われる鳥。雌雄一体でそれぞれが一つの目と一つの翼をもち、常に一体となって飛ぶとされる。連理の枝同様、仲睦まじいことのたとえ。

〔26〕上町――現在の大阪市東部の上町台地の西側。近世において早くから開けた地域であったが、密会宿や借座敷が多くあったようであり、西鶴の他作品（『一代女』巻六の一など）にもしばしば登場する地名（大阪図、238ペー

ジ参照）。

[27] 腕に二、三本斬り付け――心中立ての一つ。相手への恋を貫くことの証として行う。腕や股などを斬り付ける。「貫肉」とも呼ぶ。

[28] 田中屋治右――大阪の若衆の抱主であった田中治右衛門と推測される。『西鶴大矢数』にも「定方」として名が見え、連衆（俳席で句を詠む人）のみならず執筆役人（他人の句を書き写す人）まで務めた田中定方と同一人物であろう。

図①

図②

図③

図④

3 言葉とがめは耳にかかる人様《ひとさま》

俺の好きな役者をなじった無礼者は、一刀両断だ！

《あらすじ》

人気女形の滝井山三郎《たきいさんさぶろう》の美しさに惚れ、少ない稼ぎから木戸銭を出し、芝居見物をしていた浪人がいた。ある日の芝居で事件は起きた。仁王団助《におうだんすけ》というあぶれ者が、台詞《せりふ》を間違えた山三郎をなじったのである。芝居中に野次を飛ばされ赤面する山三郎。芝居が終わり団助の跡をつけた浪人は、見事な太刀さばきで山三郎の恥辱を晴らしたのであった。やがて、愛を語らう仲となった二人の運命は……。その美しさは群を抜き、世の人々がその死を惜しんだとされる人気女形、滝井山三郎の儚《はかな》く悲しい運命を綴《つづ》った一章。

京都紫野大徳寺《むらさきのだいとくじ》の一休和尚《いっきゅうおしょう》は、扇に絵を描くことは嘘・偽りの戒《いまし》めの一つとおしゃったが、一休和尚が扇に描いた鳥は飛び立ち、十本の足を描けば水辺をじりじりと動くカニとなるという。日本画の一派、宅磨派《たくまは》▼注[1]の絵師が描いた牛や、宋の蘇軾《そしょく》（東坡《とうば》）▼注[2]が描いた墨絵の竹、唐の王摩詰《おうまきつ》（王維《おうい》）が描いたとされる雪中《せっちゅう》の芭蕉《ばしょう》▼注[3]など、どれも嘘を真とする優れたものがこの世にはある。

同じく、偽りのない歌舞伎若衆の花のような姿を、桜の板木《はんぎ》に掘った一冊の本があった。その一冊を眺めれば、その場で美しい若衆の姿を観賞できるので世の人に重宝されていた。牡丹や芙蓉《ふよう》が色を争う姿は、いずれも物足りないなんてことはないだろう。これほど、筆を尽くして美しく描く中に、思わず恋してしまうほど、とりわけ美しく描かれている若衆がいた。その恋歌の代表に「筑波根の嶺より落つる」▼注[4]とある。「落つる」といえば滝、滝といえばそう**滝井《たきい》山三郎《さんさぶろう》**▼注[5]である。これは山三郎が頼んで自分だけを美しく描かせたわけではなかろう。後漢の官女王昭君《おうしょうくん》▼注[6]も肖像画を美しく描いてもらうための賄賂《わいろ》を渡さなかったというではないか。ああ、こういうことは軽々しくいってはいけないし、笑ってもいけないことである。▼注[7]

この山三郎の絵姿を眺め興じていた人の中にある浪人がいた。この浪人は、以前、京都の糺《ただす》の森で扇をかざした女性を見かけ恋に落ちた。三味線の音を不審に思い、誰の家かはわからなかったがその家の垣根を覗《のぞ》くと、そこにはここでしか降っていないのではないかといった様子で、時雨を眺める風情漂う女主人がいた。柳の枝の夕景色に佇むその姿は、ただの役者絵などとは比べ物にならないほど今まで味わったことのない思いを浪人に抱かせた。

図①　滝井山三郎（注5参照）

男色ではないが、かないそうな恋であった。しかし浪人の身の上で恋はかなわず、風や雨さえしのぎにくい貧しい住まいで、窓から見える富士山のように思いは富士の煙を焦がし、涙は深川の波に滴る思いであった。浪人は、皺紙《しわがみ》で作った煙草入れを船着場で売り歩き、これを生業《なりわい》として暮らしを立て、歌舞伎見物料の木戸銭《きどせん》を毎日稼ぎ、

「この狂言に滝井山三郎が出ますよ」

というと入場し、正面のシテ柱に身を寄せ、「これが一番」と芝居を楽しむ日々を送っていた。その日は、道化方《どうけがた》の坂東又次郎《ばんどうまたじろう》の軽口《かるくち》▼注[8]や万能丸五郎兵衛《まんのうがんごろべえ》の当話《とうわ》▼注[9]など、予想外に芝居の仕組みが違って台詞が入り乱れていたので、山三郎はほんの少しであるが台詞を間違えてしまった。

するると、南方の栈敷《さじき》下に座っていた男が、

「やめろ！」

と野次を飛ばした。浪人はすぐさま

「黙れ！」

といい返したが、男はなおも、

「いや黙るか！　山三郎を引っ込ませろ！」

といった。芝居のよい場面で邪魔が入ったので、座中の客たちもこの男を憎らしく思った。この野次を飛ばした男は、色黒の髭《ひげ》自慢で常にあたりを睨みまわし、江戸では知られた仁王団助《におうだんすけ》という鼻つまみ者であった。周囲が恐れるのを見てさらに調子に乗り、団助は野次を飛ばし続

けた。芝居を続けながらも山三郎は少し赤面して、団助を睨みつけた。山三郎は、「やめろ」といわれたのはこれが初めてであったのだ。

しばらくして芝居が終わり、見物人も出て行ったところ、浪人は団助を後ろからつけていき、浜町《はまちょう》（現在の日本橋蠣殻《かきがらちょう》町付近）で少し人通りがなくなるころを見計らって、団助の正面に回り、

「山三郎に『やめろ』といった頬桁《ほおげた》（悪口三昧《あっこうざんまい》）はお前か！」

と一尺九寸の刀で抜き打ちにした。それは相手が刀の柄に手をかける隙も与えぬ早業であった。

刃物を恐れる町人百姓も荷を乗せた馬を退け、

「さあさあ、どうぞ」

と力添えして浪人の逃げ道を作った。これも何かの縁であろう。偶然にも浪人は山三郎の草履《ぞうり》取りの住んでいる裏店《うらだな》（裏長屋）に逃げ込んだのであった。草履取りもここはなんとかしようと、命にかけて浪人をかくまった。

やがて夜になり、山三郎が忍び来て、

「あなたのお気持ちうれしくてたまりません」

と、浪人の素性も確認せず二人は衆道の契りを結んだのであった。その後は先々のことまで約束を交わし、人知れず二人は愛し合った。さてそうなると、山三郎は浪人が愛おしく、後にはほかの客を相手にすることも嫌になり、浪人以外のことを忘れてしまうほどであった。

しかし、人の身ほど定めにくいものはない。この浪人、岩見《いわみ》の浜田（現在の島根県浜田市）の出

身であったが、母親が息子を恋い焦がれ、臨終であると代筆で手紙を送ってきた。このことを山三郎に伝えると、山三郎も世の道理に責められ、ほかにどうしようもないことと涙の別れとなった。その後、山三郎は、浪人と音信不通になったことを嘆き、いつしか思い沈むようになり、朝は恋い焦がれ、夕べは耐え忍び、顔はやつれ姿も変わり、間もなく病に臥《ふ》せってしまった。

恨めしい世の常で、盛りの花の村雨や、月光を遮《さえぎ》る雲霧のごとく、十九歳を名残に山三郎は、元気だったころの美しい姿は病に衰え、美しかった体は眠るようにこの世を去ったのである。詩に「美麗暗に変ず落花の風」▼注[10]（死は美しい姿を無明《むみょう》の闇と変え、花を散り落とす風のようである）と詠まれたように、見る人は涙に袖を絞り、その死の知らせを聞いたものに袂《たもと》を濡らさないものはいなかった。釈迦が入滅した鶴林《かくりん》▼注[11]ではその地の沙羅双樹《さらそうじゅ》が真っ白に枯れたとする言い伝えのように、江戸森田座や江戸山村座がある木挽町《こびきちょう》には雑草が生い茂り、同じく江戸中村座のある祢宜《ねぎ》町《ちょう》は臥猪《ふすい》の床のごとくすたれるであろうといわれたほど、山三郎の死は人々に惜しまれたのであった。

▼注

[1] 宅磨——日本画の一派、宅磨派のこと。鎌倉時代に、新しい仏画の様式を用い活躍した。

[2] 東坡——中国宋代の文人、蘇軾。詩人としてのほか、書家としても活躍。また、墨竹画の大家としても著名。

[3] 雪中の芭蕉——唐の王摩詰が描いた雪中の芭蕉のこと。真に迫る画力であったと言い伝わる。雪中に青い芭蕉（熱帯の植物）は、あり得ないが美しいという絵画の題材で知られる。

[4]「筑波根の嶺より落つる」――滝井の序詞。『後撰集』陽成院の歌「筑波ねの峰よりおつるみなの川恋ぞつもりて淵となりける」（筑波山〈現在の茨城県つくば市〉の峰から流れ落ちる男女川が、細い川から深い淵となるように、あなたを恋い慕う思いも今では淵のように深くなってしまった）。

[5]滝井山三郎――寛文二年に京都で若女形として初舞台を踏んだ後、江戸へ下り人気を博した。歌舞伎評判記『新野郎花垣《しんやろうはながき》』（延宝二年〈一六七四〉刊、図①『歌舞伎評判記集成』第一巻、岩波書店）では、「人にこへおすかた心はせ又有へきともおもはれすぬれきやうげん」とあり、その容姿・所作の美しさが評される。『古今役者物語』（延宝六年〈一六七八〉刊）に、「滝井のあはれとも、きえてはかなき山三郎」と記されている。

[6]王昭君――巻5の3注[7]参照。

[7]こういうことは軽々しくいってはいけないし……――当時の若衆たちが自ら姿絵を美しく描いてもらうために絵師に付け届けをしていたことを暗に示した言い方。実は西鶴も……（巻頭言参照）。

[8]坂東又次郎の軽口――初代坂東又九郎の長男、初代坂東又次郎。江戸の道化方。軽口は、役者の身振りをまね、滑稽な話をして人々を笑わせる大道芸。

[9]万能丸五郎兵衛の当話――寛文・延宝期に江戸と上方で活躍した歌舞伎役者。立役、道化、小唄、浄瑠璃、軽口と多能な芸を得意としたことから万能丸と称した。当話（答話）は、即座に頓智の効いた返答をすること。図②（『古今《ここん》四場居《しばい》色《いろ》競《くらべ》百人一首』東京大学総合図書館蔵）。

[10]「美麗暗に変ず落花の風」――『九相詩《くそうし》』「第二・肪脹相《ほうちょうのそう》」「紅顔《こうがん》暗《くらき》二変ス美麗《びれい》ヲ失フ」による。『九相詩』は、人間の屍が朽ち果てていく様子を絵にした『九相図』に、蘇東坡《そとうば》作と伝えられる詩を添えた書で、江戸前期に出版された。美しかった山三郎が病で痩せ衰え死に至った様子を表現している。

[11]鶴林――釈迦入滅の地。釈迦が亡くなった時、周囲にあった沙羅双樹が白く枯れて、多くの鶴のようになったことから言う。

図②

４ 忍びは男女《なんにょ》の床違《とこちが》ひ

都随一の女方も驚く、寝殿造りの秘め事

《あらすじ》
初代上村吉弥《うえむらきちや》といえば、評判は常に上々吉《じょうじょうきち》で、大吉弥《だいきちや》と称され、その美貌《びぼう》と芸に観客は酔いしれた。しかし、吉弥は天性の美貌と芸の才能の持ち主というだけでなく、女方としての自分をどう美しく見せるか、実に研究熱心だったのである。本章では、京女を街角から観察し、それを自らのお洒落に生かそうとする吉弥の姿が描き出される。そして、そうした観察から、あの吉弥帯が生まれたいきさつが明かされるのである。ところが、話は急展開し、ある日吉弥がやんごとなき貴人の女性から呼び出され、寝殿造り（貴族）とおぼしき屋敷に招かれる。宮女とそれを囲む美女たちとの一夜と思いきや、その御前（主人）が急に帰宅、女たちは大騒ぎとなるも、その御前は吉弥を気に入り、朝まで戯れを尽くしたのであった。これも京ならではの話であろう。

「上々吉▼注[1]と評判を取った吉弥▼注[2]の白粉《おしろい》、掛け値なしの優れものです」という宣伝文句をかかげて、京都四条通り高瀬川《たかせがわ》の橋詰《はしづめ》に新しい店が登場した。京の女でちょっとでもお洒落に関心のある者は、ここに立ち重なるほど先を争って、その白粉を買って帰った。

「どうしたわけで、大した宣伝もしないのに、これほどの美女たちを呼び寄せるのだろう」

と尋ねると、

「ここは女方《おやま》の元祖、**上村吉弥**《うえむらきちや》（大吉弥《だいきちや》、初代）の別宅で、役者に見合った商売をしているのだ」

と言った。女というのはすべて、紅と白粉▼注[3]、そして黛《まゆずみ》によって、白い皮膚を彩《いろど》ってこそ美しくなるものである。女方も同じで、昔の右近源左衛門《うこんげんざえもん》や村山左近《むらやまさこん》▼注[4]のころは、顔も男か女か紛らわしく、頭は置き手ぬぐいを乗せて、化粧も実にあっさりとしたものだったが、見物人はそれで十分に満足していたものだった。芝居の構成もしかり、今に見比べて簡単なものだった。

よくそんなもので満足できたことだと笑いたくなるが、過ぎ去ったことというのは、何でも滑稽に見えて来るものなのだろう。今という時代は、諸国の風俗も都の女を理想にして、風体《ふうてい》も優しく豊かにとりなして、生まれつきの欠点をうまく隠すようになった。本当の姿を知っているのは朝夕に使い慣れた鏡だけである。

吉弥は生まれついての美形だったが、役者になってからその美麗な素質に大金をかけて磨き上げたものだから、自然と太夫《たゆう》（立女方《たておやま》）の品格が備わって、その肌からは太夫の揚代《あげだい》である銀一枚（約五万七〇〇〇円）の光が放たれているようである。そんなわけで、人々は四条河原《しじょうがわら》での役者あさりや安っぽい遊興がまだるっこくなって、皆この美少年に逢うことを望んだのである。

吉弥の方でも、さらに自分の容姿を磨こうと気を配り、桜の咲く三月十八日に、祇園町《ぎおんまち》▼注[5]のさるお方の家に簾《すだれ》を掛けさせ、正真正銘の都女の風俗を見ながら、よいところがあったら自身のお洒落に取り入れたいと思っていたところ、なんとも心にくいことに、女を乗せた駕籠《かご》が通り掛かって、窓より鹿《か》の子《こ》模様の衣装や、髻《もとどり》を束ねて垂らした下げ髪がちらりと透けて見えた。

その美しさは魂がそこへ飛び入るほどである。こうした場合、皆が皆美人ということではあるまいが、醜女《しこめ》とも思えない。やはり駕籠に乗れるような金持ちは何かと得なことが多いのだ。楊貴妃の名のついた高価な白粉のあれこれが使えるというのは実にありがたいことである。とはいえ、遠くから見て色っぽさが目立ったこの女も、気をつけてよく見てみると、世間のあばた顔《づら》を一人で引き受けたようで、少しも取り柄のない顔をしていた。

ところが、その後ろ姿、特に独特な帯の結び方から浮かび上がってくる色っぽさ艶《つや》っぽさは、ほかにあるとも思えない風情を醸し出している。

「一体どんな女なのか」

と尋ねてみたところ、都の郊外にある小家にまで手広く商売をしている塩売りの男がこの女を見覚えていて、

「あれは、東《ひがし》の洞院《とういん》通り▼注[6]で当世風の染め物をする紺屋《こんや》の娘で、美形のお春《しゅん》と呼ばれている評判の女です」

と語った。

吉弥はその姿をまねて、一丈二尺（三メートル六十センチ）の大帯の絎目《くけめ》▼注[7]の角に鉛の錘《おもり》をつけて帯を大きく垂らしてみせた。これこそ世に名高い吉弥結びのはじまりであり、今なおその流行は衰えを知らない。

あるとき、身分の高いお公家さんらしき方から、舞台姿そのままで参れというお達しがあり、

吉弥は舞台を終えた夜、人目を忍ぶように迎えに来た立派な駕籠《かご》に乗り、客に尽くす役者勤めの身としてやむなく訪ねた。御門近くになって、吉弥は定紋入りの提灯の火を消した。その先には厳《いか》めしい番所《ばんしょ》が見える。恋は遠の昔に忘れてしまったと思われる老女が迎えに来て、吉弥の手を取って中に案内した。

吉弥は、なんとも心が落ち着かなかったが、「恋の道にはいろいろな方法があるものだ」と、その老女に任せてゆく。番所の者は寝ぼけ調子の声で、「女一人」と聞いたままに帳に書き付けた。

そこを通り過ぎると、並木道が一〇〇間《けん》（一八〇メートル）ほど続いてあり、そこには銀砂が敷き詰められていた。さらに中門があって、そこを越えると左にさまざまな撒《ま》き石があり、木々の間の釣り灯籠の光が反射して、まるで宝石の浜辺かと思われる。また、鑓水《やりみず》に沿って置かれた庭籠《にわこ》▼注[8]にはさまざまな鳥が入れられ、夜も盛んに鳴いている鳥もあったので、気をつけて見ると白鷴《はくかん》▼注[9]が枯れ木の陰にいて、フクロウは梢で身を動かしている。鸚鵡《おうむ》はじっとして口まねもしない。

その先にある階段を静かに登ると、仙台の宮城野の原をここに移したかと思われるような一面に広がる萩《はぎ》を描いた檜《ひのき》の二枚戸があった。それを開けて、長い廊下を忍び足で進むと、その奥から女の笑い声や双六《すごろく》の物音、しめやかな琴の音、遠くまで渡る横笛の響きが聞こえて来る。

吉弥は、その音にいささか心も踊らされてなかなか落ち着かない。さらに灯火もない真っ暗な大書院を抜けて、また板敷の回廊に出る。そしてたくさんの帳《とばり》をくぐり、絹張りの障子を引き開けて、紅の房がついた綱を引くと、玉のような鈴が音を立てた。すると大勢の足音がして、屏風を倒し、香木箱《こうぼくばこ》▼注[10]を蹴散らしながら、

「どれどれ、女方は、吉弥はどこぞ」

と男をまるで珍しいものを見るかのような目で眺めるのは、にわかに乱人《らんじん》になったかのようであった。女たちは上気したり青ざめたりして、さても見苦しい姿であった。その中からお局《つぼね》らしき人が女たちを制して、吉弥を奥に通すと、そこに宮女らしいお方がおられたが、そのお姿は高貴そのもので、吉弥は圧倒されたが、その美しさは言葉に尽くしがたいものであった。それから、すぐに酒盛りがはじまって、金銀を凝《こ》らした盃が出て、その宮女をはじめ女たちはうれしそうに酒を酌《く》み交わした。ところが、別の女がいきなり部屋に駆け入って来て、

「たいへん、御前《ごぜん》様のお帰りです！」

というや蝋燭《ろうそく》を吹き消して、その場を取りつくろうとした。しかし、吉弥をうまく隠すことはできずに、大勢の女たちで囲んで外へ出そうとしたものの、御前が見つけなさって、

「それは誰だい」

とおっしゃった。

「歌舞の女にございます」

と申し上げると、

「地下《じげ》の者にしては珍しいほどに美しい」

と仰せられて、ご自分の遊び相手にされてしまった。

それから御前が、吉弥に何の遠慮もなく戯れてくるのを、吉弥もいきさつからいやというわけにもいかずにいたのだが、迷惑極まりなくなって、しかたなく女鬘《かづら》を取って正体をお目にかけると、御前は、

「いや、これの方が一層よろしい」

と、さらにかわいがられたのであった。吉弥は、思いもかけぬ方と床で曙《あけぼの》を迎えることとなった。先ほど盃を交わした御前の妹君はさぞくやしがったであろう。

▼注

[1] 上々吉――歌舞伎評判記・役者評判記等で用いた役者の位《くらい》付けのひとつ。「上々吉」は元禄期までは最上であった。ちなみに「下」はほとんどなく、「中」までが普通であった。

[2] 上村吉弥――初代。寛文・延宝期の上方を代表する名女方。俗に「大吉弥」と呼ばれた。吉弥結びなる帯の締め方を創始し、多くの女性たちにまねをされた。天性の美貌と柔らかで上品な舞で一世を風靡した。西鶴とは俳席（俳諧興行の場）での付き合いも深かったと推測される。図①（『古今《ここん》四場居《しばい》色競《いろくらべ》百人一首』東京大学総合図書館蔵）。

[3] 紅と白粉……――蘇東坡《そとうば》作と伝わる『九想詩』に「紅粉翠黛《コウフンスイタイ》ハ唯《タダ》白皮《ハクヒ》ヲ綵《イロド》ル」とあり、西鶴はそのまま引用している。この後に「男女ノ婬楽ハ互イニ臭骸《シュウガイ》ヲ抱ク」と『九想詩』にはあって、肉欲の空しさを述べているが、西鶴はこの「男女ノ婬楽……」の部分も含めて引用することが多い（『好色一代女《こうしょくいちだいおんな》』など）。

［4］右近源左衛門や村山左近――若衆歌舞伎時代から野郎歌舞伎時代にかけて活躍した女方。
［5］祇園町――現在の京都市東山区北西部の地名（京都図、236ページ参照）。
［6］東の洞院通り――巻5の1注［11］参照。
［7］絎目――絎は着物などで縫い目が見えないようにする縫い方のこと。ここは帯の両端のこと。
［8］庭籠――庭先において鳥などを入れて飼う籠。図②（巻八の二挿絵）。
［9］白鷴――キジ科の鳥。雄は尾が長く全長約一メートル。雌は約五十センチ。雄は背面が白、腹面が黒で顔が赤い。図③（『訓蒙図彙《きんもうずい》』国会図書館デジタルコレクション）。
［10］香木箱――香木や香具などを入れた箱。豪華な意匠を施したものが多い。

図①

図②

図③

5 京へ見せいで残り多いもの

高家の美姫、死霊となって人気役者をとり殺す

《あらすじ》

貞享三年（一六八六）閏《うるう》三月に死去した若女方《わかおんながた》の名優、鈴木平八《すずきへいはち》を追善供養する内容である。平八が役者としていかに優れ、人間としても申し分ない器量を備えていたことを西鶴は強調す

る。特に客に対しては情けをかけることを大事にしたために、誰からも好かれた。特に評判を取ったのは、貞享三年春に上演された『他力本願記《たりきほんがんき》』で、大阪周辺の農村からも多くの見物客が平八一人を見るために集まった。その折に高家《こうけ》の娘とおぼしき女性が特別な思い入れで平八の歌舞伎を観劇していたが、舞台が終了すると同時にその娘は意識を失い、そのまま恋煩《わずら》いとなり死んでしまった。平八も同時刻に体調をくずしはじめ、その後黄泉《よみ》の国へと旅立った。誰にでも好かれた平八は、そのことが逆に災いとなって、娘の死霊に取りつかれてしまったのである。男だけでなく、多くの女にも恋い焦がれる対象となる歌舞伎若衆は、このような厄災《やくさい》にも遭うのである。

花が咲きあふれる山というものはどこにでもあろうが、恋に染まる海というのもあるのだ。それをぜひ皆さんにお見せしたいものだ。

衆道の世界を再現する歌舞伎若衆の芸の世界を、まさに活き魚の鱸《すずき》のように、活き活きと映し出す鈴木平八《すずきへいはち》こそ、日本を見渡しても、この人に続く役者などいないというべきである。さらに中国にまで広く見渡しても、こうした優れた役者はいないだろう。

その中国といえば、かの蘇東坡《そとうば》▼注[1]は、名勝地赤壁《せきへき》▼注[2]に旅したとき、語るべき友はいるが、酒も肴《さかな》もなかったという。そこで日暮れに置き網を引き揚げさせて、とった魚を酒の肴《さかな》にし、酒は地元の貧しい女が携えていたものをいただいて曲りなりにもなんとか形を整えたことがあった。

とった魚は太湖《たいこ》支流▼注[3]の松江の鱸《ずんこう》に形はよく似ていたというが、結局、うまくもない酒に夜を明かしたという。同じすずきでも**鈴木平八**▼注[4]を見せて酒の相手としたなら、蘇東坡は『赤壁賦』で「東の空既に明けなんとす（東の空はすでに明けようとしている）」などと、しみったれたことはいわないで、昼間を月夜にさせて平八に歌わせたいと思ったに違いない。平八を中国に見せられないのはなんとも残念なことである。

この平八は、美しいばかりでなく所作に品があって、賢き者も愚かなる者も、尊い人も卑《いや》しい人も、皆一度、この君に流し目をされると、うれしさのあまりに踊り舞いあがり、我を忘れて平八を恋い慕うのであった。さらに枕を交わせば、長い年月をともに暮らし、子がある仲の女房すらも離縁したくなるほどの、恋の道の巧者である。それは私がくどくどと述べるまでもなく、実際に見聞している皆さんがよく知っての通りである。平八の芸の特色は、どんな役柄でもうまく演じてみせるもので、これは実に見事であった。ことに武士の役は、平八が、名高き紀州藤代《ふじしろ》の庄司鈴木三郎のゆかりの者であるのだから、当然といえば当然であろう。

それはさておき、今年貞享三年の春、平八が演じた歌舞伎『他力本願記《たりきほんがんき》』▼注[5]は見事で、特にその劇の展開は非常に面白かった。平八に恋い焦がれ、見物に群がった人の山が崩れると、芝居小屋はまるで恋に埋《うず》む淵《ふち》になってしまった。そして、せめてなりとも親鸞《しんらん》に扮した平八が手にした法《のり》の糸（仏縁を結ぶたよりとなるもの）にすがって、自らを迎えに来る来迎仏《らいごうぶつ》を思い描き、平八の台詞《せりふ》を美しい読経《どきょう》の声とも、ありがたい法語《ほうご》とも聞きなしたのであった。ちょうどそのころ、普段なら、大阪日本橋《にっぽんばし》▼注[6]あたりに列をなす駕籠《かご》かきどもは、午後二時過ぎあたりには誰もいなくなってしまった。その理由はなぜかと尋ねると、大阪近郊の大和《やまと》・河内《かわち》・和泉《いずみ》といった、片田舎から集まった平八見たさの客たちが、一斉に帰るからとのことであった。確かによく見れば、まさに麦藁《むぎわら》のようだといわんばかりの素朴な縞模様で、短い袖の着物を連ねて、金箔銀《きんぱくぎん》箔《ぱく》を施した帯が光っているのを、いかにも自慢そうに結び下げている山家《やまが》の農家の女たちも、道頓堀《どうとんぼり》の芝居通いにうき身をやつし、自分の仕事をほったらかしにし、少し尻を振って媚態《びたい》を尽くし、また仲間内で芝居話に興じながら道頓堀と家を行き来している。大阪から近い里村はいうまでもなく、遠いところから群れをなして道頓堀に集まることは、ここ何年もなかったと大いに評判になった。これも平八一人の色香に迷った結果である。この恋煩いで亡くなる男女の数は限りなかった。

ことさら三月三日は、鍛冶《かじ》職人の二蔵《にぞう》までも、天王寺《てんのうじ》、新清水への参拝、潮干《しおひ》狩《が》りなどをして遊ぶ日である。まして、それより上流の方々は、一番上等な着物を引き出して、思い思いの出で立ちにて住吉参詣にかこつけて皆芝居小屋に入るのである。道頓堀の水かさは人々の涎《よだれ》で増え、人々の伸びきった鼻毛は、それを縒《よ》れば凧《たこ》を上げられるほどであり、携帯用の継ぎ煙管《ぎせる》の雁首《がんくび》（キセルのタバコをつめる部分）が溶け落ちそうになっても、芝居に気を取られて気づかず、首の骨が折れそうなほどに平八を眺め続け、▼注[7]

「いよう、平八様」

と舞台への掛け声も、口々に喧《やかま》しく褒《ほ》め立てるのである。男どもは男どもで少しでも平八を近くで見ようと立て込むところに、女たちも女たちで、昨日に髪を切ったりばかりの白髪の老女かと思うような者や、すべて剃《そ》り落としてしまった出家の女性までもが、平八への恋心を隠そうともしないのは、浅ましくも滑稽であった。

そんな中に、舞台東側、三つ目の桟敷《さじき》を、屏風で見えないように囲ませたところがあった。身分の高い家の娘と思われ、総角《あげまき》に結った少女期も過ぎて、姿形も美しくなり、自然と人を恋しはじめる年齢で、できれば人に恋の手ほどきを習いたいといった風情であった。いや、すでに恋の下地は済んでいるのかもしれないが、演目の初めから、目をそらさずに平八を眺め、うれしそうに片方の頬に笑みを含ませている様子であった。周囲の人目がないならば、今にも走り出さんばかりに見えるのであった。面白くも哀れに思っていたところ、時間が過ぎて、芝居もいよいよ果てようとしたところ、この娘は恨めしそうな面差《おもざ》しになった。それは平八が楽屋に引っ込むのをなんとも名残惜しく思ってのことであろう。実際に、芝居も終わり平八が楽屋に入ろうとしたときには、橋がかりまで心を込めて見送ったが、あまりに思いつめたらしく、そのまま気絶してしまった。

芝居小屋は、客を送り出す合図の太鼓を叩き立て、どやがやとするうちに、娘の付き人たちは、「水を持って来い、薬も忘れるな」と大騒ぎの体《てい》になった。この歌舞伎世界に関しては、人後に落ちない作者《わたし》なので、先ほどからじっくりとこの娘を観察していたことでもあるし、また、この娘の心根が不憫《ふびん》でもあったから、そのまま医者のまね事をして、巾着《きんちゃく》を探りながら桟敷《さじき》に飛び上がり、お年玉にもらった延齢丹《えんれいたん》▼注[8]を飲ませたところ、ようやく娘は息を通わせ、駕籠に乗って帰ったことだった。その娘の住みどころを聞いておいたが、ここには書かないことにする。

さて、その娘は一人娘ということで、日ごろから月よ花よと両親の寵愛《ちょうあい》を一身に受けていたのだが、わけのわからぬ病を得て、起き伏し苦しく、医術を尽くしたものの、平八の芝居を見た上での恋煩いであるから、療治する方法もなく、次第に体も弱り、姿もやつれて、目も当てられない様子となった。いっそのこと、こういう理由ゆえにと思いを吐露してしまえば、世間体には替えられない命のことだから、両親もなんとか生かす術《すべ》を見出したであろう。しかし、一人でくよくよと思い込み、胸に仕舞い込んでしまったために、ついに三月八日に、いまだ開かぬ蕾《つぼみ》のまま命を散らす花となって、ふた親の嘆き悲しむことは限りがなかった。

鈴木平八はその日、坂田銀右衛門《さかたぎんえもん》方に遊んで、竹本義太夫《たけもとぎだゆう》▼注[9]・伊織《いおり》などに浄瑠璃を一、二段語らせて聞いていた。その日は静かに夕方になると自分の家に帰ったが、春なのになぜか秋かと思われるような冷たい風にあたると、急に平八は体調を崩し、そのまま病気になってしまった。日が明ければさらに弱り、暮れには身をもだえるほどとなり、次第にこの世の終わりかと覚悟した。見舞いに来て枕近くまで寄る人の中でも、年来の付き合いを忘れずに、あの世に参るときは一緒ですぞといって深い志を見せたのは、桜山林之助《さくらやまりんのすけ》▼注[10]であった。

上村吉弥《うえむらきちや》▼注[11]（二代目）も京よりちょうど大阪に来ていて、平八に今生《こんじょう》の別れを申し述べた。身は衰え、息も絶え絶えの平八であったが、それでもきちんと言葉を述べて、盃を交わし、後は別れの泪《なみだ》のみとなった。あまり知られていることではないが、想いを寄せてきた人に、平八は、その思いに応えて身を任せたこと、これは数知れずあったのだ。衆道の証《あかし》として、腕を突き、腿《もも》を切ったことも数限りない。いつのころだったか、田舎人が自らの指を切って舞台に投げたときにも、きちんと筋を立ててその恋心に応えてやったのだった。

そのように、普段の心がけが立派で、役者には惜しい人物であった。その身の一代の情けの掛けようについて、話題は尽きることがない。若いときにも、五人の男の名前を誓紙に書いて「この方たちには、いつによらず、一度ずつはお心に従います」とあった。この芝居好きの遊び人たちに、一体どんな弱みを握られたのか、まったくおかしな話である。すべてにわたって、嫌みのない若衆で、今後、こんな人は出て来ないだろう。古今の武士を映し出す武道事《ごと》や、衆道の駆け引きでは、日本随一の鑑《かがみ》ともいうべき芸の持ち主で、これを見習って間違いない役者である。

残念なことに、平八は日が経つにつれて頼りなく、『九想詩《くそうし》』▼注[12]にある「体が冷ややかになって魂は去り、身は荒野にさらされるのみ」との言葉が、自分の身の行く末と感じられて、ひとしお悲しくなるのであった。その後、起死回生の薬も効果なく、最期と思われたときに、周囲の人々が現世《げんせ》安穏《あんのん》後生《ごしょう》善処《ぜんしょ》と平八の行く末を祈りつつ、百万遍の数珠を繰りながら、千巻の陀羅尼《だらに》を読ませた。しかし、定まった業《ごう》も法力経力で変えることができるとのありがたい経文も、恋の力にはかなわず、平八は、ただ「幻にとても美しい女性が見えます」と語り、閏《うるう》三月八日（閏月とは、同じ月が繰り返されること）に息が絶えた。

人の一念は五〇〇回生まれ変わるまで消えないという。そうした思いを持った者の魂が平八にとりついたと後で知らされたのであった。二十三歳の若きみそらで、東山《ひがしやま》の山の端《は》に上ったばかりの月が、あっという間に西に沈んでしまったこと、悔やまれて仕方がない。

▼注
［1］蘇東坡――巻6の3注［2］参照。
［2］赤壁――中国の湖北省《こほくしょう》を流れる長江（下流を揚子江という）の岸壁の一つ。『三国史』の赤壁の戦いの場として有名。蘇東坡は赤壁を旅したときに「赤壁賦」をのこしている。
［3］太湖――中国江蘇省《こうそしょう》南部と浙江省《せっこうしょう》北部にある湖。
［4］鈴木平八――天和・貞享期の大阪を代表する若衆方。その人気ぶりについて西鶴は別途『難波《なにわ》の皃《かお》は伊勢《いせ》の白粉《おしろい》』で「きれいなある口上にかみころされたひといふ人、きのふは天満堀川のあたりに焦がれ死、けふは御堂の前におもひ死（美しい平八の声色に、噛み殺されてもいいという人、昨日は天満堀川あたりに焦がれ死に、今日は御堂の前に想い死にをして）」と書いている。貞享三年閏三月八日没。図①（『古今四場居色競百人一首《ここんしばいいろくらべ》』東京大学総合図書館蔵）。
［5］歌舞伎『他力本願記』――宇治加賀掾《うじかがのじょう》の同名浄瑠璃正本を歌舞伎化したものだと考えられる。だが正本《しょうほん》は親鸞ではなく同じく法然の弟子信空《しんくう》が主人公である。親鸞伝そのものが、浄瑠璃上演当時禁止されていたらしく、正本はそれを意識してのものと考えられる。歌舞伎ではそうしたカモフラージュを取り払って親鸞その人の物語として上演していたか。

［6］日本橋――道頓堀川の橋（大阪図、238ページ参照）。

［7］首の骨が……眺め続け――「詠むれば花にもいたし首の骨」。西鶴の俳諧の師匠である西山宗因《にしやまそういん》の発句《ほっく》を踏まえた表現。

［8］延齢丹――気つけ（気絶した者の意識を覚ます）に使われた常備薬。舐め薬。

［9］竹本義太夫――近松門左衛門とコンビを組んで浄瑠璃全盛の時代を創り上げた稀代の太夫。『男色大鑑』が書かれた貞享三年には、すでに近松と組んで『世継曽我《よつぎそが》』『出世景清《しゅっせかげきよ》』など名作を世に送り出し、名声を確保しつつあった。

［10］桜山林之助――初代桜山庄左衛門の若衆名。濡れ事から武道事まで幅広い芸風で人気を博した。

［11］上村吉弥――二代目。貞享年間を中心に活躍。この時期を代表する上方の若女方として評判を取った。上村辰弥の兄。女方の芸として重要とされていた人を泣かせる愁嘆の芸や嫉妬に狂う怨霊事などに秀でて、舞もうまかった。図②（『難波《なにわ》の皃《かお》は伊勢《いせ》の白粉《おしろい》』、『歌舞伎評判記集成』第一巻、岩波書店）。

［12］『九想詩』――仏教の九想観をもとにした詩。人間の死骸が徐々に腐敗し土へ帰る過程を九段階に分けて観想するもの。絵にしたものを九想図という。

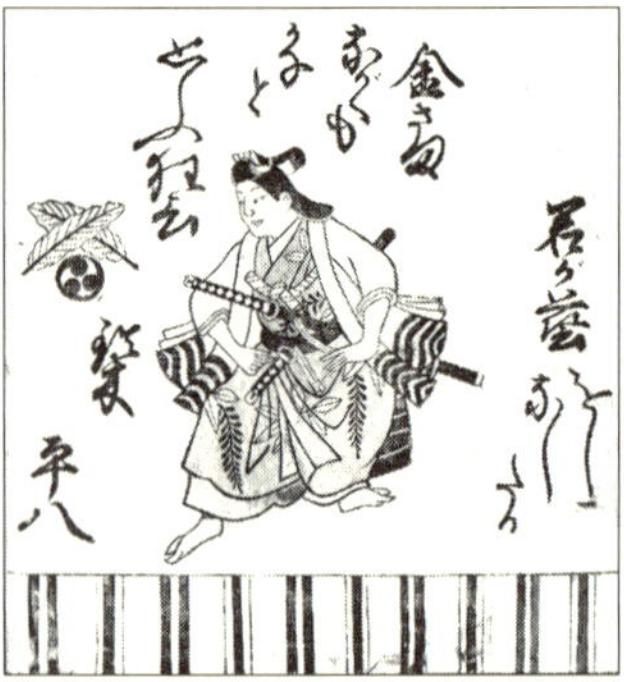

図①

図②

コラム

歌舞伎の「ほめことば」

河合眞澄

現代の歌舞伎の劇場は西洋演劇の影響を受けていて、歌舞伎座でも南座でも松竹座でもプロセニアム・アーチ（額縁《がくぶち》状の仕切り）があります。江戸時代の芝居小屋の俤《おもかげ》を残している金丸座《かなまるざ》でさえ例外ではありません。そのため役者は見物にとって遠い世界の特別な存在になっていますが、昔は決してそうではありませんでした。野外での歌や踊りを起源とする歌舞伎は、もともと役者と見物とが一体化し、その交流によって盛り上がっていたものです。あべのハルカスにある近鉄アート館で上演される歌舞伎は、舞台が三方正面になっており、小劇場の利点を生かして目の前で役者が活躍します。これは斬新なようでいて、むしろ逆に古い劇場の再現に近づいているといえます。

役者と見物が一体化していた名残は、現代の劇場でも花道に見られます。客席のやや下手《しもて》寄り（観客席から見て左寄り）に付けられた細長い通路である花道は、本舞台に向かう役者、あるいは退場する役者が通るとき、見物の手の届きそうなところにあります。ただしなんといっても舞台の一部ですから、見物は役者を眺めるのみ、といいたいところですが、実はそうでもないのです。花道から登場した侍が、花道の七三《しちさん》（花道の本舞台に近い位置）で立ち止まったとき、長袴《ながばかま》（足がすっぽり隠れる裾《すそ》の長い袴）の先が花道からはみ出していました。そのとき近くに座っていた観客の女性（いわゆる「大阪のオバチャン」でした）が、やおらその長袴を指で触って生地を確認していたのです。以前道頓堀にあった中座《なかざ》で目撃した出来事です。ことほど左様に今でも花道は役者と見物とをなじませる効果を持っているという証拠ではありませんか。

さて、井原西鶴の生きた時代にはまだ額縁舞台はできておらず、役者と見物は親密で、歌舞伎の舞台には見物から「ほめことば」が捧げられていました。それは文字でしたためたファンレターなどではなく（もちろん綿々《めんめん》とファンレターを書き綴る人も多かったのですが）、舞台上で演技している最中の役者に向かって、客席の中から直接礼讃《らいさん》の言葉を言い連ねるのです。当然、芝居の流れもそこでぷっつり切れるわけですから、ずいぶん大胆なことをするものだと思われる向きもあるでしょうが、当時はこれが普通に行われていました。そのありさまが、『男色大鑑』巻六の小桜千之助の話の中に出てきます。千之助が舞台に登場すると、見物席から「ほめことば」が掛けられますが、ここに出ている「ほめことば」はそのごく一部にしか過ぎません。本当は、もっとたっぷり長々と述べ立てたと思われます。

西鶴の活躍したころより少し後、享保十二年（一七二七）に初演された歌舞伎狂言（演目）『信《しん》

『徳丸〓柏《とくまるこのてがしわ》』には、登場人物の信徳丸が演じた伶人《れいじん》の舞を許嫁《いいなずけ》の乙姫が褒める場面があります。ちょっとその「ほめことば」を見てみましょう。

ようようようよう、さっても舞うたり蝶の舞、浮かれそめたる児桜《ちござくら》、花のお顔の美しさ、うつつつくづく見とれて惚れて、立つも立たれず居るも居られぬ、大仏矢数《やかず》通り者、好いた殿御はこれに極めて、なるかならぬか、可愛かわいと熊野の烏の、羽交《はがい》重ねの約束なれば、小指ぼったり血の垂る起請《きしょう》、神掛け二世《にせ》掛け思い掛け、たったひと声情の言が、聞きたいは逢いたいは寝たいは、サアささめ言ささめ言、浜の真砂《まさご》の数々に、言い事があるわいの、これのうお若衆様、どうもどうも、やっちゃやっちや

これは劇中の趣向であり本物の歌舞伎の「ほめことば」ではありませんが、うまく「ほめことぱ」の実態を伝えています。その内容は信徳丸の舞や容姿を褒めたたえ、好きでたまらないというあふれんばかりの自分の思いをいい立てたものです。「好いた殿御はこれに極めて」「たったひと声情の言が、聞きたいは逢いたいは寝たいは」などと人前であまりに臆面もなくあからさまな告白ですが、当時の美少年の若衆役者への「ほめことば」も、こういう呆れるほどおおらかなものだったことでしょう。七五調で練り上げられた「ほめことば」は、もはや芝居の中に溶け込んでいて芝居に不可欠な要素となっています。ひょっとしたら「ほめことば」をいうことができるのは、見物の中でも限られた有力な贔屓筋《ひいきすじ》の特権だったのかもしれません。

役者や芝居に直接的に反応してすぐさま声援を送る、そう、それは中村獅童と初音ミクの共

演する超歌舞伎の観客がリアルタイムで感動を綴る応援のツイートにも似ています。西鶴の時代の歌舞伎は文字通り「傾《かぶ》いた」精神の体現であり、一見いちばん新しい超歌舞伎は、かつてすでに実行されていた「ほめことば」のバリエーションだったのです。

巻フ

Photo by toan phan on Unsplash

1　蛍《ほたる》も夜は勤《つと》めの尻

蛍のように身を焦がす……秘めた恋の行方は

《あらすじ》

色町で豪遊する客は、仮初《かりそ》めの恋と知りつつ歌舞伎若衆の手管《てくだ》にのぼせ上がる。特に村山座の花形、吉田伊織《いおり》と藤村半太夫《はんだゆう》の二人は別格である。

色町に欠かせないのが、宴席を盛り立てる太鼓持ちだ。自尊心を捨てて愚鈍《ぐどん》を装い、人を笑わせて稼ぐ。実は、若衆の仕事も苦労が多い。毎夜、身も心も削って客に尽くす。

そして、若衆を買うなど夢のまた夢、人知れずそっと身を焦がすような者まで惹《ひ》き寄せるのがこの色町である。ある夜更け、半太夫のいる座敷に蛍が一匹、また、一匹と放たれて……。「四条の色町」と呼ばれた宮川町《みやがわちょう》、石垣町界隈の夜の情景をルポ感覚で描き出した一章。

生計のために働くことほど辛いものはない。何かにつけて賢く世を渡る人が多い中にあって、とりわけ遊女や若衆を揚《あ》げた宴会を盛り立てる太鼓持ちの場合、気長な性格で、どんなことでも辛抱強く耐えるというのが、稼ぎのもとであろう。

あるとき、京都の石垣町▼注[1]にある大鶴屋▼注[2]の座敷に、村山又兵衛座▼注[3]の太夫子《たゆうご》（将来、最高位の女方になるべき素質のある若衆）吉田伊織《いおり》▼注[4]と藤村半太夫《はんだゆう》▼注[5]の二人を揚げての宴会に同席したことがあった。まず、こんな若衆は二度と現れないだろうというような二人だ。その風情は、さながら絵に描いた名高い美女といったところか。流行の歌謡に合わせて舞い踊る姿を一目見た者は、誰だって恋に落ちる。特に見事なのが客あしらいの巧みさだ。しっとりと情愛豊かに戯れかかり、なよなよとしながらも気の弱さはなく、身を任せているようでも客の方がわきまえて振る舞うという具合である。

伊織の場合、床入りに際して相手の気に入るようなことを目一杯語り、肌を触れ合わせるや、命も損得勘定もかなぐり捨ててという激しさを見せるので、客も思わず声を上げて夢中になる。また半太夫の場合、客とともに寝床に入ってからも言葉数が少なくて、肌近くに寄るでもなく、相手の客が気を揉《も》んで身もだえし、ちょっと焦《じ》れはじめたときに、一生忘れないようなうれしい言葉をたった一言だけかけて事に及ぶというのが得意である。そんなことは、ほかの若衆に教えてもできるようなことではない。この二人から「あなた様は粋人《すいじん》です」と煽《おだ》てられると、すべて嘘だとわかっていても「あながち偽りとも思えない……」という気がしてくるのである。

「今、京都にいる歌舞伎若衆は三十一人。揚げ代はみな一律だから、この二人に会わないなんて、それはもうわかってないというものだ。金銀の蓄えがあったら、若衆遊びに使うとよい。もし、財産を残して我が子に譲ったとしても、その子がケチなたわけ者で、一生役者を買うことも知らずに暮らすような男だったら、内蔵《うちぐら》（住居とつながっている蔵）の片隅に積み重なった金銀が、何年もの間、世の中の面白いことにも触れずそのまま朽ち果てることになる。金銀にとってもさぞかし無念なことに違いない。といって、何かと色恋の道に長《た》けた男には金がなく……さてさて、どうにもままならないのが世の中だねえ」と、祇園町の太鼓持ちどもが嘆くのである。

さて、ある夜のこと、太鼓持ちの神楽庄左衛門《かぐらしょうざえもん》が夜神楽《よかぐら》を気取って口笛で音頭を取ると、それに合わせて太鼓持ちどもが思い思いの芸を披露しはじめた。役者勝りの身振りなどを見ては、これ以上笑えないというほど腹を抱えて笑い、馬鹿騒ぎをする。この座敷に、昔は名ある人の次男として知られた村岡丹入《むらおかたんにゅう》がいた。万事に賢く、身のこなしにも品があり、鷹揚《おうよう》な性格で、人から憎まれない生まれつきであったのだが、世の移り変わりにつれて先祖の名も埋もれ、下々の暮らしに甘んじていた。下立売《しもたちうり》堀川▼注[6]のあたりで大橋流▼注[7]の書道の手本を売って暮らしていたが、これもなかなか捗《はかど》らない。鍼《はり》医者の貼り紙を出しても呼んでくれる人もなく、どうにも生活が苦しくなったため、大尽《だいじん》客（豪遊する客）の慰み者となって、今日もこの席に連なっていたのだ。自分のお膳だけほかの人より遅れて用意されるのさえ、腹に据えかねているところへ、大尽が小袖を脱ぎ捨てるや、「そら畳んでおけ」と足で押し付けてくる。これも嫌《いや》とはいわず畳んでおくと、次は「おい、煙草盆《たばこぼん》▼注[8]の灰を捨ててこい」といわれる。それもこれも仕方のないことだと何も言わず畏《かしこ》まって座っていると、大勢に取り囲まれて、捕り縄で縛り上げられてしまった。「そら、鳴滝《なるたき》の盗人《ぬすっと》だ▼注[9]、連れてけ、連れてけ」と引き立てられたので、いくら座興だからってこれはあんまりだ、縄が解かれたら二、三人も刺し殺してものの見事に死んでやる、とひたすら覚悟を決めていたのだが、ふと大尽が懐紙入れから金一分(二万円)を四つ、五つつかみ出して、「さきほどのなぶり賃だ、くれてやる」と金色のものをバッと蒔《ま》いてくださると、そのまま心も入れ変わり、「それにしても、旦那、だいぶ見事なおはずみで」となどとおべっかをいい、欲心から自分の身分も忘れ、知恵も才覚も隠してすべてを馬鹿っぽく見せかけ、生まれつき鈍《にぶ》い人であるということにされてもお世辞たらたらと並べ尽くしているのは、我ながら恥ずかしいことに思う。時々、大尽に買ってもらう陰間にさえなめられて、帯を解いてもらうまでの苦労といったら、人こそ知らないけれども、ひたすら拝み倒してなんとかという感じなのだ。また、草履《ぞうり》取りがいない身の悲哀を覚えるのは帰り際《ぎわ》だ。揚屋に預けた草履が適当に放り出されているのを片方ずつ探し出し、慌《あわ》てて駆けだして大尽客の早駕籠《はやかご》に追いつき、お供するという具合である。同じ都に住むとはいっても、稼業は実にさまざまで、おかしなものだ。

遊女と同じ立場というわけではないが、客勤めをする若衆もまた、悲哀を覚える場面は数限りない。昨日は田舎侍の頑固な人に呼ばれ、その気に入るように勤めて、夕暮れから夜更けまで酒を無理強《むりじ》いされて散々な目に遭い、今日はまた、七、八人の伊勢講▼注[10]の仲間に買われ、誰が若衆と床入りするかを籤《くじ》で決められるなどという目に遭う。男らの中にはわりといい感じの客もいたのに、籤の常として下品な親仁めに引き当てられる。この親仁は、はじめからべったりとしなだれかかり、若衆髷《まげ》が崩れることなどおかまいなしである。爪の長い不潔な手で抱き寄せられ、楊枝《ようじ》なども使わない汚い口を近く寄せて、木綿の粗末な一重の肌着が肌にザラッと触れるのも恐ろしい上に、皮足袋の臭いがこもっているので思わず鼻を塞《ふさ》いでいると、衆道の恋の手順も知らずに、いきなり褌《ふんどし》を解きはじめる。「それもこれも金が敵《かたき》（金銭を得るための苦労）」と心に思い、仕方なく自由にさせておきながら、ここぞという場面で秘伝の素股《すまた》をお見舞い申し上げる。まったく、夜が更けてから起き別れるまでの気苦労といったら、一晩で年を取るというようなものである。こんな苦労も結局は自分の稼ぎにはならず、みな親方の儲《もう》けになるというのが、一層辛いことであった。けれども、この勤めの切なさを忘れる瞬間がある。男女を問わず万人の心を惹きつける、この世のものとは思われない美しい姿は自分でも自慢に思うし、家に帰るやいなや、皆が「たゆうさま、たゆうさま」と煽《おだ》ててくれるので、身を砕《くだ》くような辛さも、それほどには感じていないのである。これを思うにつけても、不幸せな身という点では、立場は異なっても遊女に同じといってもよいだろう。

ある夜、五月雨《さみだれ》の降るか降らぬかいう音が板葺《ぶ》きの屋根からかすかに伝わってくる中、明け方まで、いつもの仲間に混じって若衆たちが大鶴屋の二階座敷で引っ切りなしに冷や酒を呷《あお》っていた。「今の鐘は八つか七つか（午前二時か午前四時か）」と確かめ、「じゃあ帰るか」というとき、虫籠《むしこ》（目の細かい格子窓）の透き間より蛍が二つ三つと飛び込んできた。これまた一興と見ていると、この蛍は人に慣れていて、尻を光らせながら灯火《ともしび》の周りを飛び、半太夫の袖にとまったので、半太夫は即座に「〽蛍も同じ身の上」と浄瑠璃『平安城』▼注[11]の道行《みちゆき》を語り出した。その場に同席していた皆が、その明け透けな喩《たと》え▼注[12]にしらけつつもドッと笑う。

「本当になぁ。この蛍もこれが勤めとばかり尻を光らせてるぜ」

と悪口をいうと、

「でも、蛍は夜だけの勤めで昼は暇だからうらやましい。僕はこうして夜の勤めがあって、また、昼も舞台を勤めるから辛くって……」

と、半太夫が正直な心を打ち明けると、ますます蛍が多く乱れ飛んでくる。これはおかしいと人を遣わして外の様子を見させると、闇に紛れて竹の小笠《こがさ》▼注[13]を被った法師が、墨染めの袖より、薄様紙《うすようし》▼注[14]に包んだ蛍を一つ、また一つと、人の心を楽しませようと放していたということがわかった。蛍を女車《おんなぐるま》に投げ入れた故事▼注[15]のようで、なんとなく恋の駆け引きめいて優美である。座敷に戻ってこのありさまを語ると、半太夫は涙を流し、

「思い当たることがあります。毎夜、太夫元《たゆうもと》▼注[16]のところに忍び込んでくる法師さまがいらっしゃると聞いております。いずれの若衆を慕っておいでかと思っておりましたが、さては私でしたか。うれしい。これまで気付かずにいたことをどうか許してほしい。せめて、盃を交わして」

という声を聞くやいなや、足早に立ち退《の》く音がしたと思うと、下駄が激しくあたる音がした。どうやら石垣を踏み外し、ひどく身体を打った様子であった。降り続く雨で川も激しく波立っており、いつもは浅瀬のところまで水が深くなっていた。その法師は、気の毒なことにそこに

沈み込み、これは大変だと駆けつける間もなく、影も形もなくなってしまった。「行く水に数かくよりも」という歌[注17]ではないが、行く水に数々の物思いを重ね、半太夫は激しく悔やんだのである。その晩より半太夫は具合が悪くなって、一度も会えずに終わった法師のことを思い続け、まるで正気を失ったかのようになってしまった。

その後、あるお方に深く愛されて身請けされ、大仏近くの紙漉町《かみすき》[注18]に住むことになったが、その後もあの法師の恋心が哀れで忘れられず、やがて槙尾西明寺《まきのおさいみょうじ》（京都北部の山中にある紅葉の名所）に閉じ籠もって出家してしまった。仏道修行の熱心さはこの上もなく、朝晩の念仏を欠かさず、心を澄ませ（邪念を払い）、寝床に身体を横たえることもせず、自然と眠り込んでいるときに、あの法師が夜ごとに現れては親しく交わるのがうれしかった。目が覚めると面影は消え、寝入ると夢ながらありありと見える。その証拠には、山路に咲いている四季折々の草花を、この法師が手折って持ってきて仏前に供え、半太夫の心を慰めてくれていたのである。このことをほかの人に語ったところ、その人が疑って半太夫と同じ庵室《あんじつ》に仮寝したことがあった。結局、この法師の姿こそ見えなかったけれども、生け花は毎日入れ替わっていたそうである。

▼注

［1］石垣町――宮川町に隣接。歌舞伎若衆を抱えて客の相手をさせる家が多いことから、「四条の色宿・子供宿」と呼ばれた界隈である（京都図、236ページ参照）。

［2］大鶴屋――京都石垣町にあった大茶屋。ほかの西鶴作品、『好色一代女』『西鶴置土産』などにも名前が登場する。
［3］村山又兵衛座――巻5の1注［1］参照。
［4］吉田伊織――巻5の5注［6］参照。
［5］藤村半太夫――巻5の1注［5］「藤村初太夫」と同一人物。
［6］下立売堀川――東西の下立売通（勘解由小路通）と南北の堀川通の交わる地。版木屋が多い（京都図、236ページ参照）。
［7］大橋流――書道の流派の一つ。公文書に広く用いられた。
［8］煙草盆――喫煙具一式を載せる盆。図①（『武家義理物語』巻四の二）。
［9］鳴滝の盗人――狂言「花盗人《はなぬすびと》」に基づく演目。桜の枝を盗み折ろうとして捕らえられ、桜の幹に縛り付けられた男が、歌を詠んで許されるという筋。狂言に土地は明示されておらず、歌舞伎に取り入れた際、植木屋の多い鳴滝村（現在の京都市右京区）に設定したものであろう。『男色大鑑』の挿絵には、坊主頭の村岡丹入が若衆と男に両手を取り押さえられ、紐をささげ持つ若衆が駆け寄って、今まさに縛ろうとする図が描かれている。図②（本章挿絵）。
［10］伊勢講――伊勢参宮のために結成した信仰集団。旅費を積み立てておいて、籤で代表を選んで交替で参詣した。
［11］浄瑠璃『平安城』――宇治加賀掾の浄瑠璃『平安城都遷《みやこうつし》』の略称。「操の前道行」に「げにうつせみも蛍も我が身にそひて、ないつ焦がれつさまざまに」（本当に蟬《せみ》も蛍も我が身に重なって、泣いたり恋い焦がれたりしてさまざまに）と出てくる。
［12］明け透けな喩え――蛍が尻を光らすことと若衆が尻で客に奉仕していることを「同じ」と表現したこと。
［13］竹の小笠――竹の皮を編んで作った笠。図③（『西鶴置土産』巻一の一）。
［14］薄様紙――雁皮《がんぴ》で薄く漉いた鳥《と》の子《こ》紙。上等な和紙の一種。古く、和歌、文書等を書き写したり、物を包んだりした。
［15］蛍を女車に投げ入れた故事――『伊勢物語』三十九段、女性の顔を見ようとして蛍を女車（女性用の牛車）に入れた源至《みなもとのいたる》のこと。なお蛍は、和歌では、打ち明けない秘めた恋心を連想させるものとして扱われる。

［16］太夫元——巻5の5注［3］参照。

［17］「行く水に数かくよりも」という歌——「行く水に数かくよりもはかなきは思はぬ人を思ふなりけり」（流れる水に数を確かめる線を引くよりももっと儚《はかな》いものは、自分のことを思ってくれない人のことを思うことだった）という『古今集』読み人しらずの恋歌。『伊勢物語』では浮気性の相手におくる歌。

［18］大仏近くの紙漉町——大仏とは方広寺を指す（京都図、236ページ参照）。紙漉町という町名は現存しない。

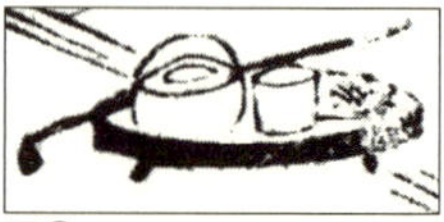
図①

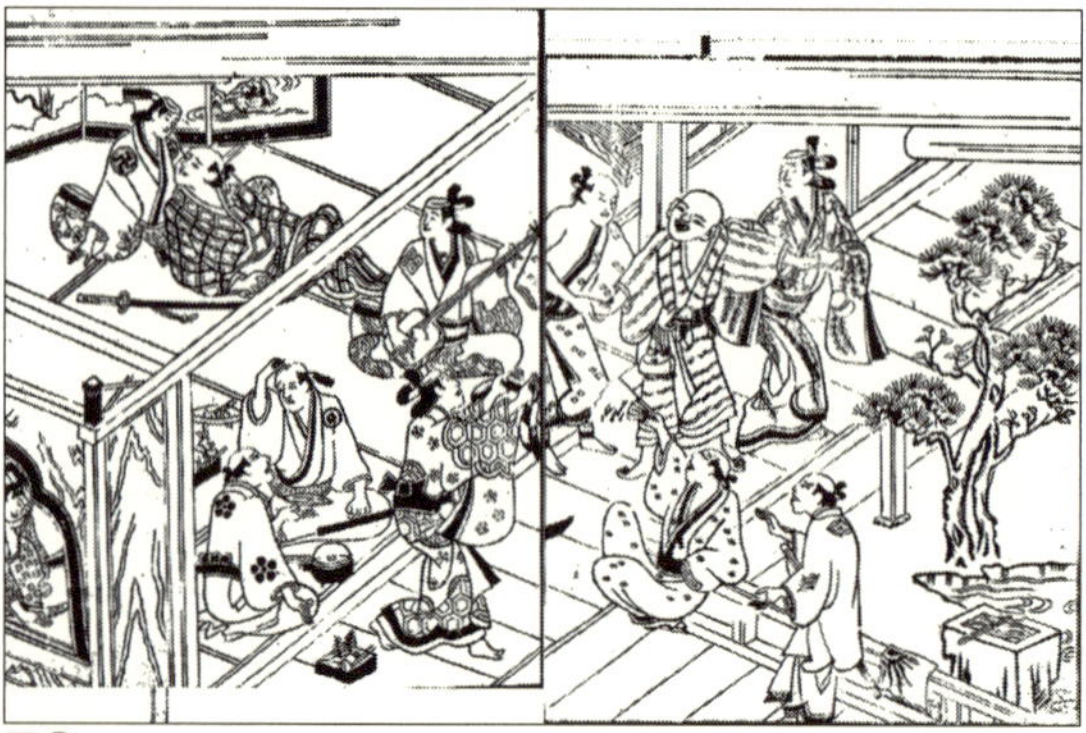
図②

図③

2
女方《おんながた》もすなる土佐日記《とさにっき》

半弥はなぜ脇差《わきざし》を客に渡したのか 『歌舞伎若衆編』最大のミステリー

《あらすじ》

四月のあるとき、松嶋半弥《まつしまはんや》が出演していた荒木座の舞台に突然上がり込んだ男が、小指を切って心中立てをした。半弥は慌《あわ》てることなくこの男を家に呼んだが、男は何も語らなかった。土佐へ帰郷する男へ半弥は自分の形見として袷《あわせ》と脇差《わきざし》を贈った。題名にある『土佐日記』とは逆の行程をたどって土佐へ戻る途中、男は半弥への思いに耐えきれずもらった脇差で命を絶った。

元服した後、扇屋として生きた半弥の素晴らしさを描いた話と思われるが、土佐の奇妙な男は謎だらけ。題名と合わせてミステリアスな一章となっている。

道頓堀畳屋町《どうとんぼりたたみやちょう》▼注[1]の西北角に、井筒屋という扇屋が新しくできた。これは、扇が詠み込まれている古歌に、

涼しさはいきの松原まさるとも添ふる扇の風な忘れそ▼注[2]

（涼しさは生《いき》の松原を吹く松風に勝るものはありませんが、この餞別《せんべつ》に添えた扇の風も忘れてくださいますな）

とあるように、実際の姿が美しい若女方の**松嶋半弥**《まつしまはんや》▼注[3]（生の松原、つまり、生きている松嶋半弥）が、七左衛門《しちざえもん》と名を改めて開いた店である。惜しいことに、花なら咲きほこり、月なら二十日過ぎの若衆盛りなのに、半弥はもったいなくも元服したものだと、役者の草履《ぞうり》取り仲間は嘆いたことであった。この若衆は、まだ二葉のようなうら若きころから、「松島や雄島《おじま》の海人《あま》の濡れる袖」

という古歌▼注[4]にあるように色っぽく、情け深く、座の取り持ちは上品で、酒も上手に飲みこなし、お客への手紙を書かせても、まねできる若衆はいないほどであった。

我が家に招くなじみの客には、水仙の早咲きを生けて、雪昔▼注[5]という銘の茶をつめた茶壺の口切り（最初の開封）をしてもてなし、春は散りゆく桜を描いた絵に、自ら筆をとって古歌の風格のある和歌を書いてみせたりする。五月雨《さみだれ》の降るしんみりとした夜は初音《はつね》という銘の香を薫《た》き、時鳥《ほととぎす》の鳴き声を今かと待っているお客の気に入るようにする。秋は宵から月をずっと眺め、夜更けには書物を読みふけるというふうに、一つ一つよい行いを見覚えて、何事につけても上品であった。

特に、床入りしてからの客あしらいの巧みさは生まれつきで、相手の命を取る程のわざを心得ていたので、たまたま逢った客でも忘れられなくて後を引き、明け暮れ半弥への恋にのめりこんで通い詰めるようになり、借金地獄に嵌《はま》った人は大勢いた。

半弥は、世間の役者が決まってかぶる紫帽子の飾りを変え、浅葱縮緬《あさぎちりめん》（薄い藍《あい》色で表面に細かい皺《しわ》のある絹地）で仕立て、一層その美しさを増した。普段着はそれほど派手なものを好まず、肌着は白無垢《しろむく》で、上に引っ返しの黒小袖を重ねていたが、到底ほかの若衆のできることではない。第一におおらかな人柄で、人の欲しがるずっしりした小判などには手も触れず、少しも卑《いや》しいところがなかった。

あるとき、私（＝作者西鶴）がある女方の家へお盆の挨拶に行くと、その女方は塩鯖《しおさば》の代銀を渡すのに、自分で天秤に載せて重さを量っていたが、その銀が四匁《もんめ》（約五〇〇〇円）のところ、二分《ぶ》五厘《りん》（約三三〇円）軽いか軽くないかといって、魚売りと口論していた。それだけでも嫌だったが、人が見ないからといって、絹に似た勝間木綿《こつまもめん》の褌《ふんどし》▼注[6]をしめていたが、それも前下がりは薄汚れていた。せめて夜なら人目につかないのにと思ったものである。こうしたことと比べると、歌舞伎若衆にもずいぶんと違いがあるものだ。こせこせと小さいことにこだわるのと、ゆったりしているのとでは、それこそ大晦日と元日ほどの違いがある。▼注[7]

「この世に住むからには、誰でも嫌な年越しもしなくてはならない」

と、柊《ひいらぎ》兵《ひょう》四郎《しろう》▼注[8]と話して笑ったものである。

あるとき、道古《どうこ》という客をもてなそうと、半弥の希望で大阪の茶臼山《ちゃうすやま》に出かけたことがあった。花見をした春とはうって変わって、秋の淋《さび》しさはいろいろな虫の鳴く音によって感じられるのであった。南の池のほとりに幕を張らせて、酒好きは、那古《なご》の海に入る夕日のように顔を赤くし、わいわい騒ぎ立て、食べ尽くして、

「これ以上もう飲めませぬ」

と客たちがいい出したとき、近くの村の子どもたちが、四、五人それぞれ手に目の粗い竹籠《たけかご》を提げてやってきた。

「何をするのか」

と尋ねてみると、

「松茸狩りです」

と答えた。

「こんな低い山に、松茸があるものか」

と見ていると、露草を分けて色づいた朽葉《くちば》のあるところを探しているうちに、やがてしゃがんで、そこかしこにあるだけの松茸を採ってきた。そこで、松葉に火をつけ、その松茸を焼くと、絞った柚の香りもよく、皆舌鼓を打って食いあさった。そういえばある年、さるお方が小松半《こまつはん》太夫《だゆう》を連れて、天野《あまの》山で松茸狩りをされたときのご酒宴に、取り持ちの髭《ひげ》の半右衛門がうたった「おたけさんさ」（さんさ節の替え歌か）を歌ったことがあった。その一節は今も流行っていて、歌山春《うたやまはる》之《の》丞《じょう》▼注[9]がその歌を歌い出し、いつになく面白い酒宴となった。これというのも皆、亭主役の半弥が気を配り、前夜から人に頼んであちこちに松茸を植えておいたということであった。万事行き届いた差配である。諸芸にも嗜《たしな》みが深く、「いや（ねえ）」「申し（ちょっと）」というちょっとした言葉つきまでも好ましく、古今に稀《まれ》な女方といっても差し支えあるまい。

荒木座▼注[10]に抱えられた四月初旬、半弥の舞台衣装の橘《たちばな》の模様が香るようで、見物人は自分の思いをかけるように、時鳥《ほととぎす》の「テッペンカケタカ」の声のごとく半弥に向けて掛け声をかけた。その素晴らしい芝居の最中に、平土間《ひらどま》の片隅から田舎者らしい男が舞台に上がった。

「もし、半弥様、こんな私が、あなたをお慕いするのは畏《おそ》れ多いことですが、私の思いはこれです」

とその男はいって、脇差《わきざし》を抜き、左の小指を板敷きに押し当てて、いかにも落ち着いた様子で五、六回引いて切り落とし、紙に包んで投げ出した。半弥は少しも騒がず、

「私を思ってくださるお気持ち、おろそかにはできません。今は芝居の最中ですから、ともかく芝居が済んでから楽屋へお越しください」

と言っているうちに、男の姿は見えなくなった。半弥は、

「私の家へぜひともお訪ねください」

と叫んで、半弥はその指を人手にかけず、血の出るだけは洗い流して、丁寧に包んで懐に入れた。いかにも情けのこもった行為で世間の評判も悪くなかった。それにしても、芝居の最中にこんなことが起こるとは、前代未聞である。

半弥は家に帰って寝床を整え、袖に香を薫《た》きしめて、その夜、男の来るのを待ちわびた。そして鉄眼寺《てつげんじ》▼注[11]の鐘の鳴るころ、少しうたた寝をした。間もなく夜も明け、人の顔もどうにか見えるようになったころ、昨日の男が友達と二人連れで訪ねて来た。半弥はいろいろと話しかけ、随分うれしがることばかりいったが、男は身を震《ふる》わせて、

「かたじけない」

と一言いっただけで、その後はうつむいてしまった。ひどく哀れに見えたが、その心持ちは、連れの男が詳しく話してくれた。半弥は涙をこらえてその男にしなだれかかり、戯れのきっかけを作ると、手を取ってかねて用意した寝間に連れて行こうとしたが、それにも応じない。仕

方なく酒を酌み交わすうちにも、とどめてもとどまらず、そのまま帰ろうとするので、半弥に未練が残った。

「またお逢いするまでの形見です」

といって、半弥は浅葱繻子《あさぎじゅす》（薄い藍色のなめらかな絹地）の袷《あわせ》と立派な兼光《かねみつ》（鎌倉末期の刀工）の脇差を贈った。

半弥がひそかに連れの男に故郷を訪ねると、

「土佐（現在の高知県）の者ですが、お目にかかれるのもこれが最後でしょう。もうすぐ船が出るのです」

といった。

出船を告げる船頭の声とともに、帆を上げて船は大川口（淀川の河口）の一《いち》の州《す》（地名）から出たのだが、土佐の男の涙は波の白玉より多いことであろう。その日は芦《あし》に吹く海風の向きが変わったので、三軒屋《さんげんや》▼注[12]というところに船を着けることになった。今日の夕暮れの淋しさに、土佐の男は深く物思いに沈み、旅硯の墨もたっぷりつけて、日記を書く気になった。折から四月五日の宵の月の形は、男である女方もさすという半弥様のさし櫛なのではないかという疑いも晴れぬうちに、村雨がにわかに降ってきて、思いがけなく袖を濡らした。水鶏《くいな》の戸をたたくような鳴き声は、芝居の終わりを告げる櫓太鼓《やぐらだいこ》の音のように思われた。ここは難波島《なんばじま》▼注[13]なのに、心は道頓堀を離れないのである。蛍を見て飛子《とびこ》（旅回りで色を売る若衆）を思い出したが、おかしなことに近くの尻無川《しりなしがわ》▼注[14]に「尻無」の名に反して蛍の尻の光が映っている。

明けて六日の朝に碇《いかり》をあげ、左へ舵《かじ》を取って、磯伝いに進むうちに、尼崎《あまがさき》・鳴尾《なるお》▼注[15]の沖のあたりから、また風向きが変わった。広田の社▼注[16]を遠く眺め、夢見るような気持ちで行くうちに、やっと和田の岬にたどり着いて安堵した。しかし武庫山《むこやま》▼注[17]は雲に隠れて半分も見えず、次第に心細くなって胸が苦しく、騒がしい船のきしむ音を聞きながら、角《つの》の松原や須佐《すさ》の入江を経て、暮れ方に兵庫の港に上陸した。宿で風呂を焚かせて洗った髪に、半弥様から形見にもらった初瀬▼注[18]という名香を薫《た》きしめると、いよいよその人が懐かしくなった。

七日は夜船に慌《あわ》ただしく乗り込み、宿に煙管《きせる》を忘れたのは、迂闊《うかつ》なことであった。塩焼き小屋は煙も絶えてもの寂しく、須磨の上野▼注[19]もあのあたりかと眺めやり、夜もほのぼのと明けるころ、人丸神社《ひとまるじんじゃ》▼注[20]を見つけて拝んだ。その夜明けに明石にさしかかった時分に、急に村雨に襲われ、船で苫《とま》の屋根をかけるという騒ぎであった。しかしこの雨で時鳥《ほととぎす》の声が聞けるかもしれないと思うとうれしくなった。もしやまた半弥様の初音を聞けるかもしれないと思うと心はうわの空になり、船がずっと同じところにとどまり、進めなかったように、八日も同じところで半弥を思い続けた。九日となり、十日の朝に船出し、備前《びぜん》（現在の岡山県南東部）の唐琴《からこと》の泊《とまり》▼注[21]を経て虫明《むしあけ》の瀬戸《せと》▼注[22]にさしかかった。昔、飛鳥井の姫▼注[23]が「都恋しき」と扇に書き残し、身を投げたという話を思い出すにつけ、その扇は半弥が工夫した古歌模様ではないかと思われた。波も穏やかに風もなく、十一日は昼船を走らせて、備後《びんご》（現在の広島県）の鞆《とも》の浦▼注[24]に着いた。同船の人々が上陸したので、自分も一人では淋しくて、跡に従って行くと、ここにも遊郭があり、遊女の身なりも素人女よりはましだった。上方では流行遅れになった「〽春の山道は、さぁんさ」の歌を、今ごろになって弾いて踊っている。その身振りがおかしくて、とても見てはいられない。

少しはましかと思われた遊女の姿さえ、ふつふつと嫌になった。とはいえ、素人女などは不自由の折とはいえ、身の毛がよだつ。早々に船に引き上げた。下りの風向きもよく、船出して風早《かざはや》の浦を過ぎた十二日の暮れ方から、土佐の男はうつうつと気が滅入り、前後不覚となって、ただ半弥の顔だけを思い浮かべるようになった。そして身をもだえて気がおかしくなった。船頭たちは、変に思い、磯辺におろすと、近くの小家の主に頼んで、連れの男を一人二人付き添わせ、看病をさせることにした。しかしそのかいもなく、次第に衰えていき、もがき苦しんだ。

「ああ、悲しいことだ。今思えば、なまじ形見などをもらうんじゃなかった」

と言って、大阪を旅立つときに半弥が贈った脇差で自ら命を断つと、血は草や土を真っ赤に染め、屍《しかばね》は道ばたに横たえることとなった。恋の果てにこういう最期を遂げた男の気持ちは日記に書いてあったが、残ったのはその名前ばかり。土佐名産の硯の墨池《ぼくち》（墨汁をためるところ）のように、男の心は浅いものではなかったのである。

▼注

［1］道頓堀畳屋町――現在の大阪市中央区東心斎橋あたり。歌舞伎などの興行が盛んな場所。役者の居住地（大阪

図、238ページ参照）。

［2］涼しさはいきの松原まさるとも……――『新古今和歌集・巻九離別』所収。「いきの松原」は福岡市西区姪浜《めいはま》から博多湾岸に沿う松原のことで、歌枕。本章では、扇の縁で松嶋半弥といきの松原を掛けている。

［3］松嶋半弥――初代。延宝・貞享期の大阪の若女方。延宝末年には道頓堀で松嶋半弥座の座元を務めたが、貞享三年（一六八六）中に二十歳で元服し、畳屋町で井筒屋という扇屋を開業した。図①『三盃機嫌《さんばいきげん》』（国立国会図書館デジタルコレクション）・図②『古今四場居色競《ここんしばいいろくらべ》百人一首』（東京大学総合図書館蔵）。

［4］古歌――「松原や雄島の磯にあさりせし海人の袖こそかくは濡れしか」（松島の雄島の磯で漁をしている海女の袖くらいでしょうか。涙で濡れた私の袖といえば）。西鶴の本文は誤伝かあえて変形させたものか。

［5］雪昔――「〜昔」は上級茶の銘柄。

［6］勝間木綿の褌――絹のように上質な木綿地。絹と欺《あざむ》いて売る商人もいた。絹に比べて見劣りがする。

［7］大晦日と元日ほどの違いがある――大晦日は借金を支払わなければならない決算日。庶民にとっては地獄の一日でもあった。元日とは一日でも大違いであった。

［8］柊兵四郎――初代坂田藤十郎《さかたとうじゅうろう》の妹婿で、大阪の立役。

［9］歌山春之丞――未詳。天和・貞享期頃の役者か。『男色大鑑』巻八の一に「あらはれたる宇治の川島数馬、浪に色ちる玉本数馬、連引きの撥音しづかに歌山春之丞も悪からず」と書かれている。

［10］荒木座――巻6の2注［12］参照。

［11］鉄眼寺――現在の大阪市浪速区元町にある黄檗《おうばく》宗の寺、瑞龍寺の通称（大阪図、238ページ参照）。

［12］三軒屋――港町として栄え、以前は湯女《ゆな》（私娼）が多く住んでいた。

［13］難波島――三軒屋と同じく港町として栄え、遊所として発展したが幕府の政策で抑制されていった地。

［14］尻無川――木津川の分流。川幅が狭く、水深も浅い。

［15］尼崎・鳴尾の沖――尼崎は現在の兵庫県南東端。古くから漁業、水路の重要港で尼崎城の城下町。鳴尾は現在の西宮市東部、大阪湾にのぞむ地。

［16］広田の社――現在の兵庫県西宮市大石町にある神社。和歌に霊験ある神として歌合が行われた。

［17］武庫山――六甲山《ろっこうざん》の古名。「むこうにそびえる山」の意とされる。

［18］初瀬――新伽羅の銘の一つ。（『女用訓蒙図彙《じょようきんもうずい》』二）。

［19］須磨の上野――源平の古戦場一の谷の上方。安徳天皇の内裏跡がある。

［20］人丸神社――現在の兵庫県明石市人丸にある柿本神社。「夜もほのぼのと」とあるのは、次の歌の表現を取り込んだものである。「ほのぼのと明石の浦の朝霧に島かくれゆく舟をしぞ思ふ」（『古今集』巻九）。読み人知らずの歌だが、同じく『古今集』の詞書きに「この歌は、ある人の曰く、柿本人麿が歌なり」とあるように古来から柿本人麻呂の歌とされてきた。

［21］唐琴の泊――現在の岡山県倉敷市児島田の口の港。歌枕で「殊《こと》に」と地名を重ねて詠むなどする。

［22］虫明の瀬戸――現在の岡山県瀬戸市邑久《おく》町虫明と長島との間の瀬戸（海峡）。歌枕。

［23］飛鳥井の姫――『狭衣物語』の女主人公。式部大輔に横恋慕された姫が、九州へと連れ去られる途中、恋人の大将のゆかりの扇に一首残し、虫明の瀬戸で身投げしたくだりになぞらえている。

［24］鞆の浦――現在の広島県沼隈《ぬまくま》半島南東部を占める鞆町の海岸。歌枕。「鞆」の地名は「共」と重ねて詠むなどする。遊女のいる地。

［25］風早の浦――現在の広島県東広島市安芸津町風早。歌枕。霧が歌に詠まれ、「嘆きの吐息を象徴する」（吉原栄徳『和歌の歌枕・地名大辞典』おうふう、二〇〇八年）。

図①

図②

3 袖《そで》も通さぬ形見《かたみ》の衣《きぬ》

衣装をすべて借金のかたに取られたら役者は死ぬしかない

《あらすじ》
道頓堀《どうとんぼり》心斎橋《しんさいばし》の人形屋の新六《しんろく》は、旅の途中、地蔵堂で夜を過ごしたが、そこに切戸《きれと》の文殊《もんじゅ》が現れ、「今夜道頓堀の楊枝屋で産まれた男の子は若衆になって早死する」と予言するのを聞く。帰ってみるとその夜、本当に男の子が産まれていた。この子は戸川早之丞《とがわはやのじょう》と名乗り、大和屋甚兵衛《やまとやじんべえ》座に出て評判をとったが、役者仲間の念者への思いが募り、金になる客も大事にしなかった。その結果、大晦日に支払いができず、芝居衣装までも持っていかれてしまい、予言通りに切腹してしまった。歌舞伎若衆が客を取らずに恋人に溺《おぼ》れたとき、どんな末路をたどることになるのか。戸川早之丞悲劇の一代記。

道頓堀《どうとんぼり》の恵比須《えびす》橋筋▼注[1]に、猿に袴《はかま》をはかせ、楊枝《ようじ》屋の看板▼注[2]として出し、「根本《こんぽん》浮世楊枝」といって、歌舞伎若衆の定紋《じょうもん》をつけた楊枝を売る店があった。人それぞれ好みの若衆がいるのだが、その子と枕を並べての語らいなどできそうにない人は、せめて気晴らしにとこの紋楊枝を手にして口の中を磨いているときには、恋する相手の美しい舌をくわえた気持ちになり、かえって心が乱れるのであった。これほど思いつめているのであれば、もし命と引き換えに思いがかなうのなら、夜の霜が朝を待って消えるように、命をかける者もいるはずである。その一方で、客の相手をする勤めの身の習いとして、どんな相手でも花代《はなだい》（若衆を茶屋に呼んで遊ぶ代金）次第で自由に眺めることができるので、恋い焦がれて死ぬ人はない。こんな美しい若衆姿を江戸・京都・大阪の三都に生まれ合わせた人は、毎日眺めても飽きないのだから、ましてや遠国の人が稀《まれ》に見て、生きて帰るのは不思議なくらいである。芝居のプログラムを買って、その名を大体覚え、故郷への土産《みやげ》話の種にするのも、上方《かみがた》に行ったかいがあったというものだ。

　さて、世の中に、生きていくための仕事ほどつらいものはない。道頓堀の心斎橋《しんさいばし》▼注[3]に、人形屋の新六《しんろく》という者が住んでいた。手作りの獅子笛《ししぶえ》（鹿笛のまがい物）または張子《はりこ》の虎（土製の虎のまがい物）または褌《ふんどし》なしの赤鬼、太鼓を持たない安っぽい神鳴《かみなり》など、どれも子どもだましの玩具を作っていた。年中丹波《たんば》（地名）へ通い行商をして、帰りには竹の皮や粗布《あらぬの》（織り目の粗い布）などを仕入れ、落ち着く暇もなく、元日から大晦日まで、夫婦が食べていくためだけに、せわしく働いていた。橋一つ南へ渡れば、いつでも芝居が上演されているのに、ついにそれを見たこともなかった。灯台もと暗しというが、行灯《あんどん》の油の減るのを惜しむけちな心から、こういうありさまであった。

　この新六は、あるとき、旅の途中で日が暮れたが、人里には遠く、村雲山▼注[4]も時雨《しぐ》れ、風は松を揺らして、次第に淋《さび》しくなってきたので、やっとのことで子安《こやす》地蔵堂（安産を守護）に駆け込み、寒い一夜を明かすことにした。すでに夜中かと思うころ、馬の鈴音がけたたましく聞こえて来た。

旅人かと聞き耳を立てていると、姿は見えなかったが、どなたかがはっきりとしたお声で、

「お地蔵様、お地蔵様」

とお呼びになって、

「今夜子どもが生まれる家へお見舞いなさらないのか。わしは丹後の切戸《きれと》の文殊《もんじゅ》じゃ▼注[5]」

とおっしゃった。すると戸帳《とちょう》（神仏を安置した場所と外部との境に下げた布）の中から、

「今夜は思いがけない泊まり客がある。担当の諸神諸仏によろしく申し上げよ」

とおっしゃって、そのままお別れになった。その夜の明け方にまた文殊の声がして、

「今夜五畿内《きない》（山城《やましろ》・大和《やまと》・河内《かわち》・和泉《いずみ》・摂津《せっつ》の五ヵ国）だけで、安産が一万二一六〇人あり、このうち八〇七三人は女の子である。その中でも大阪の三津寺八幡《みつでらはちまん》▼注[6]の氏子《うじこ》の道頓堀の楊枝屋に、願い通りの男の子が無事生まれた。母は大変な喜びようで、大きな顔をして味噌汁の餅などを食っていた。人間とは浅ましいもので、行く末のことを知らないのだ。この子は美しく育ち、後には歌舞伎若衆になって、多くの見物人に恋い慕われるだろう。しかし全盛期を迎えた十八歳の正月二日の明け方に、夢のように儚《はかな》く、世間の義理ゆえに命を捨てることになろう」

と予言した。そのお告げを新六ははっきりと聞いた。

ほどなくその夜も白々と明けたので、新六は起きて地蔵堂を出て、丹波から大阪に帰ってみ

ると、南隣の楊枝屋に、文殊の仰せの通り日時も違《たが》わず男の子が生まれていた。しかも今日は六日目ということで、親戚が集まって髪垂《かみた》れの祝い（新生児の頭髪を初めて剃る祝儀のこと）をしていた。その子は生まれ持って歌舞伎若衆になる器量を備えていた。というのも、今からもうすでに鬢《びん》（耳ぎわの髪）のあたりの髪の毛の色が濃く、首筋から額の生え際までも美しかった。この美しさなら、肩を並べるもののない若衆になるだろうと、まだ赤ん坊や幼児のころから毎日手塩にかけて育てた。

早くも十三歳で歌舞伎若衆となって、ちょっとしたことでも人の心を悩ますほど客あしらいが上手なので、恋い慕う者が多かった。芸名も**戸川早之丞**《とがわはやのじょう》▼注[7]と名乗り、大和屋甚兵衛《やまとやじんべえ》▼注[8]に出演し、若衆方の装いはほかと違ってきりりとしていた。芸事は藤田小平次《ふじたこへいじ》▼注[9]に仕込まれた。特に武道が得意で、尾上源太郎《おのえげんたろう》▼注[10]の後継者といわれた。それだけでなく、衆道の意気地《いきじ》をわきまえて情け深く、人の言葉をいい加減に聞き流したりせず、表に噂が出ない程度に相手を喜ばせたことは数限りない。

いつのころからか、役者仲間に深い間柄の兄分を求め、長い間心を尽くし、それはそれは筆には書き尽くせないほど思い続けていた。その兄分とは、次のように固く約束していた。

図②　戸川早之丞（注７参照）

「残念なことですが、勤めの身であるから、世間で私の贔屓《ひいき》と知られている大尽客と逢うのはどうにも仕方がありません。それ以外のちょっとした相手には、芝居の演出上は別として、これからは人目のないところでさえ手を握られるようなことは、決していたしません」

その誓いに背くことなく、その後は、金で相手を勤める客もだんだんと嫌になり、兄分に対する愛しさがますます募っていった。酔いもしないのに酔ったふりをして、座敷の勤めもおざなりになったので、しまいには人も寄りつかなくなった。そうなると家計も苦しくなり、

「大晦日も近いのだから、お金の工面をしなければいけないよ」

と注意されたが、それでも改める様子はなかった。十二月の二二、三日ごろまではうかうかと、まるで月夜がいつ明けたともわからわからぬまま暮らし、やがて真っ暗闇の大晦日を迎えた。

初芝居をもう明日に控え、早之丞は好みの舞台衣装に趣向を凝らし、「ああ、この小袖を着て、得意の芝居を演じて、兄様を泣かせてやろう」と、心もうきうきと春の訪れを待っていた。その大晦日の夜、召使いの男（金剛）が当てにしていた方々からの暮れの祝儀がさっぱりなく、三五の十五となるはずが、十八となるくらい計算が狂ってしまったと言ってきた。

「十九度《たび》も二十度《たび》も酒を飲み散らしておきながら、金をよこさぬうっかり大尽（豪遊する客）め。大晦日の闇夜に現れるという鬼に食わせてやりたいものだ。そうはいっても、薬代や花代《はなだい》は催促できるものではないし、まったく憎らしいったらありゃしない」

と、今の今になってすっかり困ってしまった。大抵の借金取りには、

「留守だよ、留守だよ」

と二番鶏（夜明けに鳴く鶏）が鳴くまで言い逃《のが》れ、

「なんといわれても、ない袖は振れないよ（実際ないものはどうにもしようがないという意のことわざ）」

と断っても、呉服屋だけは気が強くて承知しない。

「松の内（正月の門松・松飾りを立てておく間）には必ず代金は払いますから」

という言い訳も冷たく、聞き入れないで、普段の衣装まで残らずごっそり持って帰ってしまった。召使いは今更言っても仕方のない恨みつらみを並べ立て、

「ひどい仕打ちだ」

と嘆きながらも、この後のことを考えるうちに、南の方から今宮《いまみや》の若恵比須《わかえびす》売り（元日の早朝にえびす神の印刷されたお札を売り歩く人）がやって来た。通りには新しい雪駄《せった》の音がして、人の姿も心も春めいて、東の高津の宮の松葉越しに昇る初日の出が、いつもとは違った趣き（景色）に見える。早之丞はなんとはなしにその景色を眺め、道頓堀の若水（新年最初に汲む水）で口をすすいだりして自分自身の祝いをし、新年の和歌を詠んだ。そこへ坂田小伝次《さかたこでんじ》▼注[11]と山本左源太《やまもとさげんた》▼注[12]がやってきた。華やかな大振袖の姿は、梅か桜かと見まごう風情である。

「さあ、これから親方のところへご一緒に新年のご挨拶に参りましょう」

と誘ってくれたので、早之丞は喜び、暮れから着続けた小袖を脱ぎ捨て、

「今日の肌着は浅葱色にしよう」

と召使いの男にいった。すると男は、普段の衣装がすべて呉服屋に取り上げられてしまったことは内緒にしたまま、

「寸法が違いましたので、皆仕立て直しに出しました」

と答えた。早之丞は落ち着いた声で、

「私はお後から伺います」

と二人に言ったが、それも情けないことであった。

その日も空しく暮れて、夜が明けると二日の初芝居がはじまった。櫓太鼓《やぐらだいこ》が響き渡り、まだ人の顔も見えないくらい暗いうちから職人の弟子たちは、たまの休みを利用して五所紋《いつところもん》（羽織着物についている五つの紋所。背中、左右の表袖、左右の肩の前部分につける）をつけた鼠色《ねずみいろ》の木綿の一張羅《いっちょうら》の着物を着込んで、サイズの合わない皮足袋を無理に履いて、破れてもおかまいなしといった具合で、足早に言葉もせわしなく、

「早之丞の芸ぶりを見よう」

とつぶやきながら通り過ぎていく。その後、式三番《しきさんばん》（顔見世および正月興行に演ずる曲）も終わり、

「いよいよ芝居がはじまります」

と楽屋から使いのものがやって来たが、着る衣装がなかった。召使いの男は仕方なく事情を話すと、早之丞は笑って、

「浮世ほど思うままにならないものはない」

と言って、二階へ上がるのを見たのが最後の姿だった。早之丞は、ささっと簡単に書き置きをして、自らの命を惜しくも絶ってしまった。

「これは一体どうしたことだ」

とどんなに嘆いても生き返ることはない。

それにしても、普通はこんなに潔《いさぎよ》くなかなか死ねないところを、ちょっとした義理に追い詰められて、武士でもできそうにない最期を遂げたのは、後になっても語り草になるだろう。物事というのは、どんなに些細なこともばかにはできないもので、本当にその通りになるものである。子安地蔵堂で聞いたお言葉を思い合わせてみると、そのお告げに誤りはなく、早之丞は本当に正月二日に死んでしまったのであった。

▼注

[1] 恵比須橋筋——現在の戎《えびす》橋に通ずる町筋（大阪図、238ページ参照）。

[2] 楊枝屋の看板——生きた猿を店の看板として立たせたもの。図①（『人倫訓蒙図彙《じんりんきんもうずい》』国立国会図書館デジタルコレクション）。

[3] 道頓堀の心斎橋——南北に伸びる心斎橋筋が道頓堀の戎橋に至る辺り（大阪図、238ページ参照）。

[4] 村雲山——現在の兵庫県篠山市辺りの山。歌枕で、「群雲」から「雨」を連想する。

[5] 切戸の文殊——京都府富津市文殊にある天橋山《てんきょうざん》智恩寺。本尊文殊菩薩は日本三文殊のひとつとされる。通称「切戸の文殊」とよばれる。また、文殊師利《しり》菩薩の音から「尻」も連想される。

[6] 三津寺八幡——巻5の2注［18］参照。

[7] 戸川早之丞――大阪道頓堀の大和屋甚兵衛座の若衆方。呉服屋の借金に苦しんで貞享三年（一六八六）正月二日に義理死にした（『椀久二世の物語』下）。図②（本章挿絵）。

[8] 大和屋甚兵衛座――初代大和屋甚兵衛が創立した大阪道頓堀の歌舞伎芝居。早之丞が出ていたのは二代目甚兵衛（巻八の五に登場）の時代。

[9] 藤田小平次――延宝・元禄期の上方の立役。図③（『天和年中評判記』、『歌舞伎評判記集成』第一巻、岩波書店）。

[10] 尾上源太郎――延宝・天和期における大阪の大和屋甚兵衛座の若衆方。歌舞伎俳優の一系統をなす尾上姓を名乗った最初の役者。『役者八景』（延宝八年〈一六八〇〉か）に若衆方として名前が出る。美男の代表といわれる牛若丸（源義経）を思わせる美貌の持ち主。図④（『役者八景』東京大学総合図書館蔵）。

[11] 坂田小伝次――延宝・貞享期の上方の若衆方。（『役者八景』に若衆方として記載）・『好色一代男』巻五の七にも登場。

[12] 山本左源太――延宝・貞享期の上方の若衆方。（『役者八景』に若衆方として記載）えくぼが愛らしいという。万治・寛文頃は老女役を演じ、置手ぬぐいを考案して女方の祖といわれた上方の名女方、右近源左衛門の手元で育ったという。

図③

図①

図④

4 恨《うら》みの数を打つたり年竹《としだけ》

どんな乱暴者でもメロメロにする役者の媚態《びたい》

《あらすじ》

今が全盛の玉村吉弥《たまむらきちや》が、衣《ころも》の棚《たな》の四六《しろく》という大臣に誘われて、大勢の歌舞伎若衆たちとともに、初茸《はつたけ》狩りに出かけた。人里離れた場所なのに草庵があったので入ってみると、衆道が原因で出家した二十二歳の僧がいた。年齢を言わない若衆に、正しい年齢の数だけ打たないと手が止まらない年竹という不思議な竹を打たせると、三十八回も打った。そもそも、若いふりをしているけれど、一行には僧より年下の若衆はいなかったという。酒宴で盛り上がっていると、雲の今途切れと名乗る伊達《だて》男が現れ、吉弥の盃をよこせとすごんだ。頭にきた吉弥は仲間を帰し、伊達男をうまいことその気にさせて酒に酔わせ、顔の左半分の髭《ひげ》だけ剃ってしまった。髭を土産《みやげ》に京へ帰った吉弥は仲間たちと盛り上がった。

巻五の五に続いて、玉村吉弥をメインとして扱った章。巻五の五でも歌舞伎若衆の年齢について触れている。二回もメインで扱っているということは、玉村吉弥も西鶴お気に入りの歌舞伎若衆の一人だったのだろう。

歌舞伎若衆がいる座敷においては、若衆の年齢を知ろうとしてはいけないものである。

秋も終わりに近いころ、露時雨《つゆしぐれ》（晩秋のころ、一時的に降る雨）も寒くなるくらいは降らず、昼からは西日も差してきて、東山の上の雲に大きな虹がかかった。その虹のように大きな縞模様《しまもよう》の繻子《しゅす》（なめらかな絹地）の着物を、華麗《かれい》に着こなして歩く若衆は誰であろうか？　その若衆は、磨かなくても玉のように光り輝く、**玉村吉弥**▼注[1]という村山又兵衛《むらやままたべえ》▼注[2]座の若女方《わかおんながた》であった。今が花盛りの吉弥に、花の都では恋い慕《した》わない者はいなかった。

その日、吉弥は衣《ころも》の棚《たな》の四六《しろく》という有名な若衆好きに誘われて、京の郊外にある伏見の城山▼注[3]に初茸《はったけ》狩りに出かけた。吉弥と四六とともに、大勢の歌舞伎若衆や四六の遊び仲間が連れ立って、芝居小屋のある京の四条河原《しじょうがわら》▼注[4]から出発し、あっという間に櫃川《ひつかわ》にさしかかった。古い歌にも詠まれていた、このあたりの樺《かば》桜もすっかり紅葉していた。先が枯れはじめた藤の枝が、春よりもよい眺めとなっている藤森《ふじのもり》神社を過ぎ、城山を南に登り、その麓《ふもと》で一行《いっこう》は四条河原から乗って来た駕籠《かご》を降りた。月代《さかやき》を隠す花紫色の帽子をかぶった姿の歌舞伎若衆たちは、松の木があるだけで、ほかに誰も見る人もいないので、編笠《あみがさ》を脱ぎ捨て、美しい顔を見せた。乱雑に生え放題のススキを、何か思うところでもあるかのように踏み分けて、袖を露で濡らす若衆たちの様子は、

恋の山繁《しげ》き小笹《おざさ》の露分けて入り初《そ》むるより濡るる袖かな

（露のついた生い茂った小笹の中を分け入るように、恋の山に迷い込みはじめた私の袖は、流した涙で濡れて

いる）

という『新勅撰《しんちょくせん》和歌集』の歌を思い起こさせる。若衆たちは今まさに濡れ（色恋）の盛りで、この姿を見た人がいたら、若衆と一緒に初茸狩りに行く連中たちのことを、さぞかしうらやましがるだろう。

「一般的には、遊女は床の中が楽しみで、歌舞伎若衆は連れて歩くのが楽しみである」と色事の達人が言っていたのも、もっともである。

到着するのが遅かったので、その日の暮れ近くになってからの初茸狩りとなったが、ぽつりぽつりと初茸が生えているのを見つけては、それぞれが手で摘んで満足げにかかげた。人里離れた場所なのに草庵があるので、一行は入って中を見てみると、草庵の壁や襖《ふすま》の下の部分には若衆からの手紙が張ってあった。手紙の名前が書いてある部分がわからないようにむしり取ってあるのが、なんとも奥ゆかしく、じっくりよく見てみると、色っぽいことばかり書いてあった。この手紙は一人からのものではなく、恐らく何人かの歌舞伎若衆から、かつて送られたものだと思われた。

この草庵の庵主である僧は、どうも昔はただ者ではなかったようだ。持仏堂《じぶつ》（仏像を安置するお堂）を開けてみると、宗派は真言宗であるようで、弘法大師の像に菊や萩《はぎ》が供えられていた。その脇には美しい若衆の姿を描いた掛け軸がかかげられており、庵主は熱心に拝んでいた。

「これは一体、どういうことでしょうか？」

と、四六たちが尋ねると、庵主は過去のことを語り、皆が思っていた通り、衆道が原因で出家したとのことであった。

「喧《やかま》しい父親がうっとうしくて、二年以上、この山に住んでいるのですが、まったく男色の道を忘れたことはありません」

と、涙で墨染《すみぞ》めの衣《ころも》（黒色の僧衣）の色も落ちるかと思う程ほど、庵主は嘆くのだった。四六たちは庵主の話を聞けば聞くほどかわいそうに思い、

「庵主様はおいくつになられるのですか」

と年齢を聞くと、庵主は、

「私はもう物事の分別がつかないような年ごろではありません。二十二歳になります」

と答えた。四六たちは、

「これはまだ男として花盛りにもなられないお年ではありませんか」

と驚き、一行の歌舞伎若衆たちまでも、人並みに義理人情を持ち合わせているようで、涙を流して袖を濡らした。しかし、どの若衆も、とっくの昔に物事の分別などついているような顔つきに見えた。それもそのはず、この中に二十二歳より下の年齢の者は一人もいなかったのである。

一行の歌舞伎若衆の中に、飛子《とびこ》（旅回りで色を売る若衆）をしていたころから数えると、随分昔

からこの商売をしている若衆がいた。ついでにこの若衆に年齢を聞くと、

「覚えていません」

と答えるので、おかしいことこの上ない。すると、庵主が、

「ちょうどよいことに、ここに年竹《としだけ》といって、年齢がわからない者に持たせて打たせると、打った数で正確に年齢を教えてくれる物があります」

といって、この若衆の両手に年竹を持たせて立たせ、もっともらしく印《いん》を結んだ。しばらくして、若衆が年竹を打ちはじめたので、一行は声を揃えて数を数えた。若衆は、十七、十八、十九ぐらいまではなんとも思わず打っていたが、それ以上になると恥ずかしくなり、両手に力を入れてなんとか打たないようにしたが、不思議なことに打つのをやめることができず、三十八でやっと打つのが止まり、左右それぞれの手に年竹は分かれた。若衆は赤面して、

「嘘つきな年竹め！」

といって年竹を投げ捨てた。庵主は血相《けっそう》を変えて、

「この年竹は仏のお力によって打たれるので、嘘偽りはございません！　疑わしいなら、何度でも打ってみなされ！」

といった。この一行の若衆は、自分の年齢をごまかしていることがばれると恐ろしいので、続いて年竹を打つ者など誰もおらず、場はしらけてしまった。そこで、誰ともなしに、

「これから酒を飲みましょう」

といい出して、初茸を塩焼きにして酒の肴《さかな》とし、夢か現《うつつ》かわからないほど前後不覚に酔っ払って、みんな思うがままにイチャイチャしはじめた。これをチャンスとして羽織をねだる若衆や、六間口《ろっけんぐち》の家（表口の幅が約十一メートルの家）を買い与える約束をさせる若衆、この場で小柄《こづか》（小刀）をもらう若衆もいた。それにしてもすばしっこく金品を巻き上げるので面白い。

この楽しい宴《うたげ》の最中に、京の都では珍しい男伊達《だて》（荒くれ者）が現れ、

「オレは雲の今途切《いまとぎ》れと申す」▼注[5]

と自分のニックネームを名乗って、枝折戸《しおりど》（枝を折って作った質素な扉）から入ってきた。使用人に長刀《なぎなた》を持たせ、竹縁《たけえん》（竹を張った縁側）に腰掛けて、

「玉村吉弥殿が口を付けた盃《さかづき》をこっちによこせ」

といった。吉弥は聞こえない振りをしたが、しつこいので、

「この盃は、この中にお渡ししなければならぬ方がお一人いますので、あなたにお渡しすることはできませぬ」

というと、男は怒って、

「なんとしてでもいただきたい！　酒の肴はこれだ！」

と使用人に持たせていた長刀を振り回した。この様子に誰もが恐れて、散々詫《わ》びを入れたが、男は聞く耳を持たなかった。しかし、吉弥はにっこり笑い、

「なんと、憎らしい奴でしょう。ただでは置きませんよ。ここは私に任せて、皆様は先にお帰

りください」

と、一行をこの場から立ち去らせた。吉弥はこのバカな男にしなだれかかり、

「今日は面白くありませんでした。町人相手の張り合いのない、付き合いだけの酒宴でしたから。やはり、あなた様のような殿方とお酒は飲むものですね」

と、男がベロベロになるまで酒を飲ませた。吉弥は男がその気になるように、うまいことあしらったので、このバカな男は寝てもいないのに夢を見た心地になって、案の定、吉弥の体を求めてきた。吉弥が、

「どうもそのモジャモジャのお髭《ひげ》が邪魔で、口を近づけることがためらわれます」

などというと、男は、

「吉弥殿のお気に召さない物を、顔に生やしておく理由はありませぬ。使用人を呼んでお好きなように剃らせてくだされ」

といった。すると、吉弥は、

「せっかくなので、私の手でいい男にしてあげましょう」

と、剃刀《かみそり》を手にし、男の口髭は残して、左のもみあげ部分の髭だけをきれいさっぱり剃り、右のもみあげはそのままにしておいた。

酒が回って意識を失った男が、いびきをかいて寝ている間に、吉弥はここを足早に立ち退《の》いた。京で待つ一行への土産《みやげ》に、男の釣り髭（跳ね上げられた口髭の先端）を持って帰ったので、み

んな大笑いして、

「それにしても、うまいこと手に入れたものだ。これを酒の肴にしよう」

と口々に言うと、秋田彦三郎《あきたひこさぶろう》▼注[6]が即興で「髭舞いでございます」と踊り出したので、一行は腹を抱えて笑った。

さて、例の男は目を覚ましてから、髭を剃られたことを悔やみ、嘆き悲しんだが、もうどうすることもできなかった。仕方ないので、トレードマークの髭をすべて剃り落として、何事もなかったかのように帰って行った。

その後、京の都でその男が見かけられたが、男は勧進的《かんじんまと》（射的を用いた賭《か》け事の一種）を商売にしているようであった。髭のない姿が気の毒だが、やっぱり誰もが髭を失ったいきさつを思い出し、笑わずにはいられなかった。

▼注
[1] 玉村吉弥――巻5の5注［2］参照。
[2] 村山又兵衛――巻5の1注［1］参照。
[3] 伏見の城山――現在の京都市伏見区桃山の中央にある山。伏見城跡に桃の木が群生し、桃山とも呼ばれる。南方を山科川（櫃川《ひつ》）が流れる。
[4] 四条河原――四条通と鴨川が交差する付近の河原。芸能興行の中心地（京都図、236ページ参照）。
[5] 雲の今途切れ――雲の切れ目からわずかに月が見えるように、髭の間からわずかに顔が見える容姿をたとえたか。

［6］秋田彦三郎——延宝頃に京で道化方《どうけがた》として活躍した役者。元禄元年上演『大隈川源左衛門』の絵入狂言本に熊野比丘尼おりょう役としてその名が見えるのが最後か。図①（『役者評判蚰蜒《げじげじ》』、『歌舞伎評判記集成』第一巻、岩波書店）。

図①

5 素人絵《しろうとえ》に悪《にく》や金釘《かなくぎ》

太夫の櫛より若衆の楊枝

《あらすじ》

私（＝作者西鶴）は、歌舞伎若衆の岡田左馬之助《おかださまのすけ》に誘われて、堺《さかい》の浦に地引き網漁を見に行った。大漁で盛り上がる中、若衆の姿を描いた板が流れてきた。若衆の絵には隙間もないほどビッシリと金釘《かなくぎ》が打たれていた。左馬之助はこの若衆を哀れみ、呪いが降りかからないように涙を流しながら釘を自らの手で抜いた。私は京に帰ってから芝居の稽古を見学して堪能し、歌舞伎若衆が身近にいない、遠い国の金持ちのことを哀れむのだった。

紀行文のような体裁を取りつつ、実は巧みな演出効果を伴う一章。福岡の海から大阪湾の堺まで板切れが流れ着く（そんなことは可能か）という奇抜な挿話を盛り込み、左馬之助の純情可憐さを際立たせている。女《じょ》色《しょく》と男色の対比が随所に見られ、男色の道を意識的に選び取る男たちの姿が印象的である。

　行く春の境の浦の桜鯛飽かぬ形見に今日や引くらん
　（過ぎ行く春と夏の境《さかい》のころ、大阪の堺《さかい》の浦▼注[1]の赤い桜鯛の姿形は、ずっと見ていても飽かぬので、今日の形見〈思い出〉として、漁の網を引くように後を引いて残るだろう）

『夫木和歌抄《ふぼくわかしょう》』に収録されているこの歌は、藤原為家卿《ふじわらのためいえきょう》（鎌倉時代の歌人）が、京の都では見られないマナガツオやトビウオが、堺の浦では生きて跳ねているのを見て、驚いてお詠《よ》みになったという。

「地引き網漁を見るのは、桜鯛の季節とされる春よりも実は今の夏の季節の方が、より楽しめる」

とのことで、私（＝作者西鶴）は**岡田左馬之助**《おかださまのすけ》▼注[2]という風流男《やさおとこ》に誘われた。弥十郎《やじゅうろう》も連れ立って、仕過《しす》ごし組（いつもやり過ぎる男）の五左衛門《ござえもん》もうきうきとしてくっついて来た。駕籠《かご》を仕立てて、大きな紋をつけた揃いの着物の駕籠《かご》かきの、肩の骨が持ちこたえるギリギリのスピードで急がせて堺に向かった。

　誰も考えることは同じなようで、京の那波屋《なばや》の主人を、嵐三右衛門《あらしさんえもん》▼注[3]がもてなしていた。京は山が自慢だが、代わりに、京にはない海の自慢をしようと、大阪の住吉にある細江の浦に網を仕掛けて引かせ、その光景を見せるというのだ。駕籠を十八挺《ちょう》並べて置いた様子は、まるでそこに突然村ができたかのようであった。嵐門三郎《あらしもんざぶろう》▼注[4]・沢村小伝次《さわむらこでんじ》▼注[5]・藤田鶴松《ふじたつるまつ》▼注[6]をはじめとして、すべて歌舞伎若衆の一行である。

「嵐三右衛門がいつものように大酒をくらい、今夜もまた鶴松が寝ぼけて、酒に弱い姿をさらけだすまで宴が続くのであろう」

と我々はその様子を指さして、吉《きち》という女性が営む出店の茶屋の店先で腰をおろした。吉はタンスの下から朝顔形の天目茶碗《てんもく》▼注[7]を出して、

「これでお召し上がりくださいませ」

と言う。吉と私はよく知った仲なので、何も言わないでも、私のお気に入りの茶碗を出す心遣いをしてくれるのだ。よく見てみると、「ご自由にお使いください」と、硯《すずり》や紙まで用意してある。

　そういえば、この女性は一通り文字も書いて、和歌の心得もあると誰かが言っていた。軽く酒盛りをして、北の方を見ると、国《くに》という女性が営む茶屋から、かわいらしい手で手招きするのが見えた。上村辰弥《うえむらたつや》▼注[8]と今の嵐京之助《あらしきょうのすけ》▼注[9]である。黒野市左衛門《くろのいちざえもん》を伴って、こちらもまた、

「堺の湊村《みなとむら》というところへ、仕掛けた網を引かせるのを見に行きます」

とのことで、亀源《きげん》という男が、辰弥と京之助を連れて出かけて行った。

　その日も昼下がりになり、西の方にある淡路島に日差しが移っていくのが残念に思われ見て

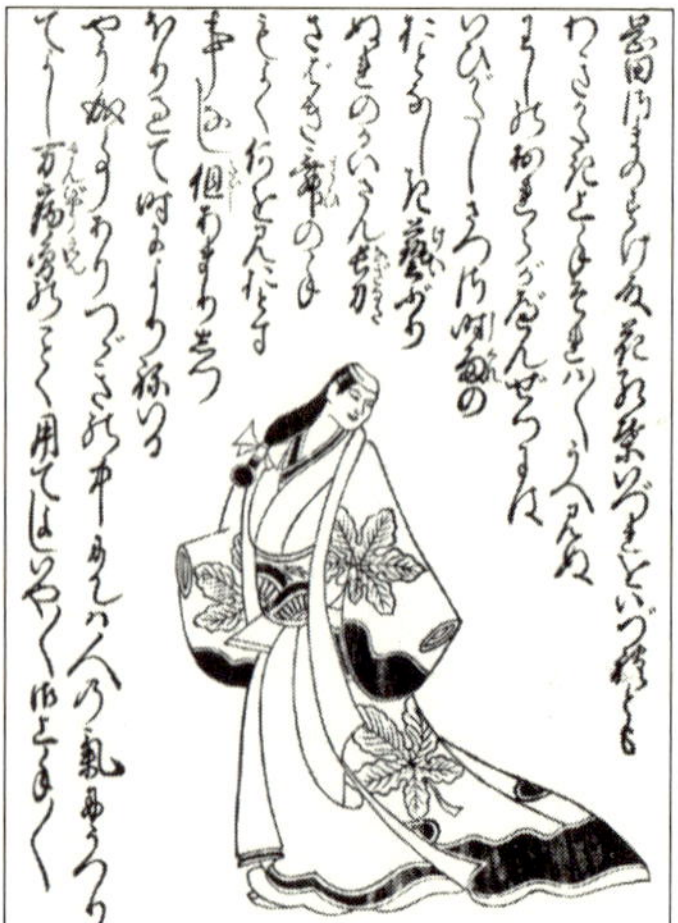
図①　岡田左馬之助（注２参照）

いると、松の陰に鬢《びん》（耳ぎわの髪）が厚い、冠をかぶるための髪型をした、住吉神社の神主たちがやって来た。神主たちは蹴鞠《けまり》をはじめ、鞠を蹴る沓《くつ》音が優雅に感じられた。その昔、『源氏物語』の主人公の光源氏《ひかるげんじ》が住吉神社に参詣した際、この浜で蹴鞠を楽しまれたそうだ。

また、慈円《じえん》（鎌倉時代の僧）の『拾玉集《しゅうぎょくしゅう》』でも、

花の枝《え》に掛けて数《かぞ》うる鞠の音《ね》のなずまぬ程に雨そそぐなり

（花の枝の数だけ落とさずに続けようと、鞠を蹴り合うその音を、邪魔しない程度の雨が降り注いでいる）

と詠まれている。

昨日は五月二十八日で御田《おんだ》虎の涙雨（住吉神社のお田植え祭りの日に降る雨のこと）が降ったが、その名残《なごり》であろうか、今日も袖が濡れない程度の雨が降っている。そんな雨風におかまいなく、毎日のようにこのあたりを遊び場所とする人々がいる。恐らく、金を貸した利子や家賃収入で悠々自適に暮らす人たちと思われ、西の木陰《こかげ》に張られた段だら染め（さまざまな色で段々に染めた横筋模様）の幕の中から、「雲井の宿り」という曲を奏でる琴の音が聞こえてくる。「これは風流な若衆たちが打ち混じった宴であろう」と思っていると、なよなよとした女性が一人、二人と出てきたので、一瞬で恋心が冷めた。色が黒くて足が太い酢ハマグリ売りでさえ、若衆の象徴の前髪があるだけで、女性よりも優美に見えるものである。

「世の中は広いもので、色んな方がおられるのですなあ。いまだに平元結《ひらもとゆい》（紙縒《こより》ではなく幅広に切って平らにたたんだ元結）で縛《しば》ったお下げ髪の、しまりのない女性の姿なんか、よくもまあ見ておられるものだ」

とののしりながら、男色の道にのめりこんでいる我々は、女色《じょしょく》（女との色事《いろごと》）とは袂《たもと》を分かち、道中を進んで行った。

笹葺《ぶ》き屋根の家が並ぶ村に続いて、丸雪松原《あられまつばら》（現在の大阪市住之江区、歌枕）や朴津《えなつ》（現在の大阪市住吉区南部、堺市北部）という場所を通り過ぎ、堺の南の端にある宿屋の前を通り掛かった。するとすぐに客引きの一夜女《いちやおんな》（一晩色を売る女）が出てきて、風呂が沸いているのを強調し、

「萌黄蚊帳《もえぎかや》▼注[10]もお貸ししましょう」

と手招きしたので、この楫屋《かじや》という宿屋に泊まることにした。我々は亭主の惣兵衛《そうべえ》を呼び出し、

「この一行は、高野山《こうやさん》にお参りに行くので、料理には生臭い残り香《が》のある鍋を使わないように」

と言いつけると、間もなく、

「お食事でございます」

と料理が出てきた。男色の道を極めるべく、高野山にお参りに行くなどと嘘をいったため、出てきたのは豆腐・コンニャク・タケノコの和《あ》え物など、精進料理のようなものばかりだった。

「なんとまあ、旅というものは、このように思い通りに行かないことばかりだということを、忘れてはいけませんなあ」

と言い合って、次の日に目的地の中浜《なかはま》に行った。
朝のうちから仕掛けておいた、目印の浮きを付けた網を、舟で引いて磯まで手繰《たぐ》ると、特に小魚が大量でつかみ放題だった。網に掛かっていた二十四枚の大きな鯛を、波に浮かべた生簀《いけす》（水槽《すいそう》）舟の中に放し、生かしたまま新鮮なうちに塩焼きにして酒の肴《さかな》にした。漁師に小歌を歌うようにリクエストすると、漁師は赤く日に焼けた頭を振りながら歌った。この漁師のご機嫌な酒盛りの姿は、まるで能楽の潯陽江《じんようこう》（中国の揚子江《ようすこう》）の猩々《しょうじょう》（赤い頭の妖怪）のようである。▼注[11]「潯陽江頭夜送客《じんようこうとうよるきゃくをおくる》」ではじまる『琵琶行《びわこう》』という詩を詠んだ白楽天《はくらくてん》▼注[12]（中国の詩人）が今これを見たら、知恵がないこの者たちを笑うであろう。
そんな中、沖の方から、藻に絡まって、若衆の姿を描いた一尺（約三十センチ）あまりのヒノキの板が流れてきた。その若衆の体には隙間もないほどビッシリと金釘《かなくぎ》が打たれていて、見るだけで気分が悪くなった。これは素人が描いた絵のようで、その証拠に、着物は左前で、目鼻はクシャクシャで、親指が細くて小指が太く、不体裁《ぶていさい》なところばかりである。板の裏には、
筑前国《ちくぜんのくに》福岡本町《ほんちょう》二丁目の醤油屋《しょうゆや》の息子の万吉《まんきち》は十五歳で、持って生まれた素晴らしい容姿をしています。しかしながら、情けというものを知らない奴で、私が恋心を寄せても相手にせず、「あなたの思いに応《こた》えられない理由がありまして」と、私が書いた手紙を見もせずにそのまま返してきました。この恨みは深いので、もしこの世に神というものがい

るなら、七日以内に万吉を呪い殺してくださいませ。

と堅苦しい大橋流[注13]の筆跡で書き付けがあり、福岡の箱崎《はこざき》八幡宮[注14]に願《がん》をかけたものであった。

「このくだらない板は、とても長い距離を風に吹かれて波に漂《ただよ》ったあげく、今ここに流れ着いたようだ。遠く離れた関西で、我々の目に触れて恥をさらしているとは、願をかけた主《ぬし》は思ってもいないだろう」

と我々は口々に言い、持っていても仕方ないので、また海に投げ捨てた。

　すると、左馬之助は再びこの板を拾い上げ、

「よく知らない国でのことですが、とにもかくにも、この男は愚かな行いをしたものです。皆様もご存知のように、私は歌舞伎若衆として世を渡っていますが、客相手の商売とはいえ、深く私のことを思ってくださる方のお心を、おろそかにしたことはありません。玄人《くろうと》の私でさえそうなのですから、ましてやこのような素人の若衆が、自分のことを思う男の気持ちがわからないはずがありません」

と袖をびっしょり濡らすほど涙を流した。そして、板に打ち付けられている金釘を、自ら一本一本抜いて、誰にも見つけられないように岩の根元に隠し、

「罪のない若衆の身に、呪いが降りかかることなど、決してあってはなりませぬ」

と落ち着いた対処をした。これぞ衆道の真髄である。

そういえば近ごろ、加賀《かが》の十兵衛《じゅうべえ》という男が、こともあろうに、この岡田左馬之助が亡くなったと、ありもしないことを絵草紙《えぞうし》（瓦版《かわらばん》）に書いた。信じた人々は嘆いて、一日、二日ほど世間は静まり返っていたが、この噂《うわさ》が嘘であることがわかると、人々はこの上もなく喜んだ。

また、この三月の末、左馬之助は舟遊びの帰りに、難波橋の▼注[15]橋柱《はしばしら》に手を当てて指を少し痛めた。血が出るほどでもなかったが、紙を引き裂いて指に結んだ。すると、これを見た人が「誰かへの愛を示すために指を切った」と艶《つや》っぽい噂を流した。こういう噂が立つのは、左馬之助がこの世のすべての男女の注目の的となっていて、いつも何かが起こらないかと期待されているからである。

歌舞伎若衆というものは、仕事として客に真心を示すため指を切ることがあり、愛の印として太ももにキセルで焼印をつけることもある。しかし、お客のために体を傷つけ痛い目に遭《あ》いながらも、人に知られることがないから報われない。だが、左馬之助は体に入れボクロ（入れ墨）の一つもないにもかかわらず、情け深いともっぱらの評判であるから大したものである。左馬之助の姿はまるで上流階級が住む上京《かみぎょう》の町人の息子のようである。すべてを江戸の出店の手代に任せて、自身は東山《ひがしやま》の花を見て暮らし、広沢の池の月を見て夜を明かすという悠々自適の生活で、人々が金策に走る大晦日も余裕の顔で、一度も慌《あわ》ただしい物言いをしたことがない、といった感じである。左馬之助は人の気持ちもよく汲み取るので、こういう人の友になりたいものである。ああ、左馬之助はよいところばかり目に付いて、いくら語っても足りない。

さて、浜の夕景色を横目に、南宗寺《なんしゅうじ》へ▼注[16]向かい、唐門《からもん》をくぐって中に入ると、いかにも古びて風情がある境内《けいだい》であった。南の森陰にあるのは歌書の『藻塩草《もしおぐさ》』に書かれている玉横野《たまよこの》と呼ばれる野原である。我々は西の方にある、芦《あし》の生えた長池に架《か》けられた橋の上から、全体を眺め、

「なんともいわれぬよい景色だ」

と、ここで酒宴をすることにした。木間六兵衛《きまろくべえ》に寝覚提重《ねざめさげじゅう》（携帯用の重箱）を開けさせると、偶然にもこの橋の上という場所にふさわしく、蒔絵《まきえ》で虎渓《こけい》（中国の谷川の名）の橋の故事▼注[17]が描かれていた。南宗寺の僧侶も仲間に入り、

「これは素晴らしい」

といって、手をポンと打った。そして、いつの間にか誰もが酒に酔いつぶれ、前後不覚となった。

そんなとき、仲間の一人の風流男《やさおとこ》が、懐《ふところ》から女物の挿し櫛《さぐし》（飾りとして髪に挿す櫛）を落とした。駿河《するが》（現在の静岡県）にある蔦《つた》の細道▼注[18]が優美に描かれ、影桜《かげざくら》の定紋《じょうもん》（桜の花の裏面をかたどった定紋）が付いていた。

「それは大阪新町佐渡島屋《さどしまや》の遊女、吉田太夫の櫛ではないか」

と私が聞くと、風流男は、

「まさにそうだが」

と答え、櫛を拾った。すかさず私は、風流男から容赦《ようしゃ》なくその櫛を奪い取って、橋の上から池に捨てた。櫛は泥の中に沈んで見えなくなった。風流男は、

「なんてことをなさる、これは国家の損失ともいえますぞ！」

と怒った。私は、

「若衆が持たれていた楊枝ならば、多くの人を雇って青砥左衛門《あおとざえもん》（鎌倉時代の武将）も探すだろう。▼注19だが、遊女が愛用していたものなんか、見るのもけがらわしいではないか。とにかく、遊びは歌舞伎若衆だけにして、遊郭《ゆうかく》に通うことなどやめなさい」

と真顔で説教した。それから気を取り直して、そこらの浅瀬を横走りでうろついている小さなカニを、生きたまま酒の肴《さかな》にし、時を忘れるほど酔っ払った。一閑坊《いっかんぼう》▼注20が説明してくれる旧跡の話も耳に入らない。白蔵主《はくぞうす》様が住んでらっしゃった少林寺に伝わる、三本足のキツネの話も興味を引かなかった。

我々は南宗寺を後にし、まつ毛に唾をつけて濡らすとキツネに騙されないというが、もちろんそんなことなどせず歩いて行った。ここ堺の遊女町の乳守《ちもり》にさしかかると、ちょうど遊女たちがお客を誘いに門口《かどぐち》に出始める時間のようだった。

「もし見つかったら面倒なことになる」

と思い、小女郎手《こじょうろうで》の編笠《あみがさ》▼注21を顔が見えないように深くかぶった。ふと、天王寺屋利兵衛《てんのうじやりへえ》という揚屋《あげや》（遊女を招いて遊ぶ貸し座敷）の店先に冷たい水が出ているのを思い出し、我々はその井戸に寄り、水を飲もうと笠を脱いで、水面に自分の姿を映して見た。すると、この遊郭の四天王《してんのう》と呼ばれる有名な遊女たちが我々の姿を見つけて、禿《かぶろ》（遊女の世話をする少女）をよこし、

「大阪の遊び上手な皆様、こちらへどうぞ」

と手招きした。我々は、

「女とは口をきくのも嫌になったんで」

と笑ってやり過ごし、夕日が沈むまでそれなりに遊んで解散した。

それから、浜を見渡すと、上村辰弥は船棚のない小船に乗って上機嫌で、嵐京之助は磯伝いに歩いており、岡田左馬之助は戎島《えびすじま》▼注[22]の方を眺めて、皆、思い思いに楽しんでいた。私は夜道を急いだが、遠里小野《とおざとおの》（住吉から堺のあたりにあった地名）の家の灯火《ともしび》や、今宮《いまみや》と道頓堀《どうとんぼり》の野ざらしの墓地で火葬する煙が見え、世の無常を感じてしばし気が沈むのだった。

しかし、道頓堀畳屋町《たたみやちょう》▼注[23]まで戻ってくると、そんなことは忘れて、その夜はそのまま太夫元《たゆうもと》（興業主）の荒木与次兵衛《あらきよじべえ》▼注[24]方の座敷で、芝居の稽古を見学した。浪江小勘《なみえこかん》▼注[25]の美しさ、吉川多門《よしかわたもん》▼注[26]の小歌、上田才三郎《うえださいざぶろう》▼注[27]の身のこなし、小桜千之助《こざくらせんのすけ》▼注[28]のパッと華やかな芸風、吉川源八《よしかわげんぱち》▼注[29]の若殿姿、三枝歌仙《みつえかせん》▼注[30]の禿《かぶろ》姿、中川金之丞《なかがわきんのじょう》▼注[31]のやつし事（落ちぶれた姿を演じる芸）、南北三《なんぼくさ》ぶ▼注[32]の早口言葉、皆それぞれの役割を見事に果たし、見る人を笑わせたり泣かせたりして、うまいこと演じるものである。

「稽古なので、若衆たちは舞台化粧をしていない素顔であるが、それでも間違いなく美しいから素晴らしい。大阪というよい国に生まれて、若衆たちの美しい姿を自由に見ることができるのはなんと幸せなことか。それにつけても、遠い国の金持ちはいくらお金を持っていても、大阪のように若衆が身近にいないので、かわいそうで仕方がない」

と、粋《すい》な仲間同士で語り合い、気の毒がったのであった。

▼注

[1] 赤い桜鯛――桜の季節に捕れる鯛のこと。この時期は赤みを帯びた鮮やかな産卵色になっている。

[2] 岡田左馬之助――貞享・元禄頃に京・大阪で活躍した若女方の役者。西鶴の描いた歌舞伎評判記『難波《なにわ》の皃《かお》は伊勢《いせ》の白粉《おしろい》』には若衆方として載る。そこで描き出される左馬之助は客あしらいの巧みさと性的魅力が強調されており、本章とは別の一面を見せている。元禄十三年（一七〇〇）に岡田三左衛門《おかださんざえもん》と改名して立役となった（『役者評判色三味線』）。図①（『野良関相撲《やろうせきずもう》』国立国会図書館デジタルコレクション）

[3] 嵐三右衛門――初代。延宝から元禄にかけて、主に大阪で立役および座元として活躍した役者。

[4] 嵐門三郎――初代嵐三右衛門の子。延宝から元禄にかけて、主に大阪で女方・若衆方として活躍した。『難波の皃は伊勢の白粉』に登場。

[5] 沢村小伝次――天和から宝永にかけて、大阪・江戸で、若衆方・若女方として活躍した役者。『難波の皃は伊勢の白粉』に登場。図②（『野良関相撲』国会図書館デジタルコレクション）。

[6] 藤田鶴松――天和頃、大阪で若女方として活躍した役者。『難波の皃は伊勢の白粉』に登場。

[7] 天目茶碗――巻5の4注[6]参照。

[8] 上村辰弥――吉弥の弟で、初代辰弥。西鶴の一番の「推し」。美しく舞も上手であったが、兄とは違って悲しい顔ができないくらいの華やかさが欠点であったという。いろいろという人はいるが、西鶴は書簡の中で「誰がなんといっても辰弥はよい若衆だ」といい切っている。巻八の四「小山の関守」並びに巻末の解説「西鶴の推し若衆ナンバーワン上村辰弥」（早川由美）を参照。図③（『難波の皃は伊勢の白粉』、『歌舞伎評判記集成』第一巻、岩波書店）。

[9] 嵐京之助――原文では「嵐今京之助」と書かれているが、「今の嵐京之助（二代目嵐京之助）」の意であろう。『難波の皃は伊勢の白粉』に若衆方として載る。

［10］萌黄蚊帳――図④（『守貞謾稿《もりさだまんこう》』巻十八、国立国会図書館デジタルコレクション）。
［11］猩々のよう……――謡曲『猩々』による。いくら汲んでも尽きない酒壺を猩々から与えられる話。
［12］白楽天が……――謡曲『白楽天』による。日本人にどれくらいの知恵があるか確かめに来た白楽天に、漁師に化けた住吉明神が、歌の教養を見せ付けて驚かせる話。
［13］大橋流――巻7の1注［7］参照。
［14］箱崎――神功《じんぐう》皇后が皇子を生んだときの胞衣《えな》を箱に入れて埋め、松を標《しるし》に植えた地。この母子をまつったのが箱崎八幡宮。神功皇后は住吉明神や堺の浦とも深く関わる（注［18］の正木論文参照）。
［15］難波橋――淀川にかかる、北浜と天満を結ぶ橋（大阪図、238ページ参照）。
［16］南宗寺――臨済宗大徳寺派の寺。千利休の墓がある。
［17］虎渓の橋の故事――中国の僧が寺にこもって「二度と虎渓を渡って外には出ない」と誓ったが、二人の友を送って話に夢中になっている間に、うっかり虎渓にかかっている橋を渡ってしまい、三人で大笑いしたという話。
［18］蔦の細道――『伊勢物語』十九段、宇津の山越えの道。尾形光琳《こうりん》の屏風絵が代表例で、小物や調度品を飾る模様としてパターン化されている。図⑤（俵屋宗達「蔦の細道図屏風」〈右隻〉相国寺蔵）。
［19］青砥左衛門も探すだろう――青砥左衛門が、川に落とした小銭を「国家の損失になる」と、多くの人を雇って探させた故事による。
［20］一閑坊――堺の地誌『堺鑑』の著者衣笠一閑。西鶴とも交流のある俳人（正木ゆみ「『一閑坊の案内』考――『男色大鑑』巻七の五における工夫」『上方文藝研究』七号）。
［21］小女郎手の編笠――図⑥（『小女郎手《こじょろうで》昔編笠《むかしあみがさ》』国立国会図書館デジタルコレクション）。
［22］戎島――寛文四年に出現した島。芝居小屋や茶屋でにぎわった。
［23］道頓堀畳屋町――巻7の2注［1］参照。
［24］荒木与次兵衛――巻6の2注［12］参照。
［25］浪江小勘――天和から元禄にかけて、主に大阪で活躍した若女方の役者。『難波の皃は伊勢の白粉』に登場。
［26］吉川多門――天和から元禄にかけて、京・大阪・江戸で活躍した若女方・花車《きゃしゃ》方の役者。『難波の皃は伊勢の白粉』

に登場。本作刊行当時は、大阪荒木座を拠点に若女方として舞台を務めていた。元禄八年（一六九五）に花車形に転じた。

［27］上田才三郎——天和頃、主に大阪で若衆方として活躍した役者。『難波の白粉』に登場。

［28］小桜千之助——巻6の2注［2］参照。

［29］吉川源八——荒木与次兵衛の子。天和頃、大阪で主に若衆方として活躍した役者。『難波の貝は伊勢の白粉』に登場。

［30］三枝歌仙——天和・貞享頃、大阪・京で活躍した若女方の役者。

［31］中川金之丞——天和から元禄にかけて、大阪で立役として活躍した、遊女屋が道楽で役者となった人物。

［32］南北三ぶ——初代。延宝から元禄にかけて、京・大阪で活躍した道化方の役者。

図②

図③

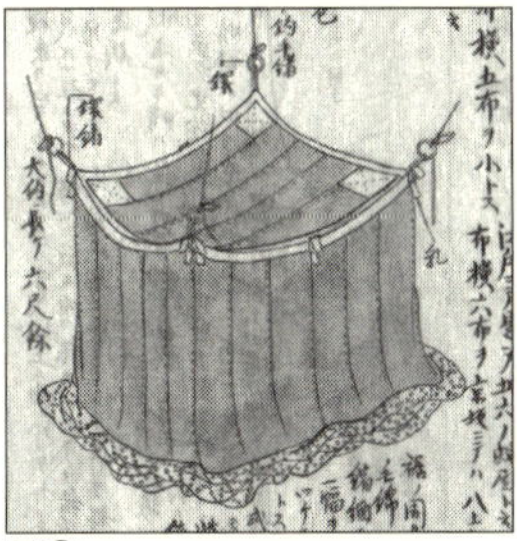

図④

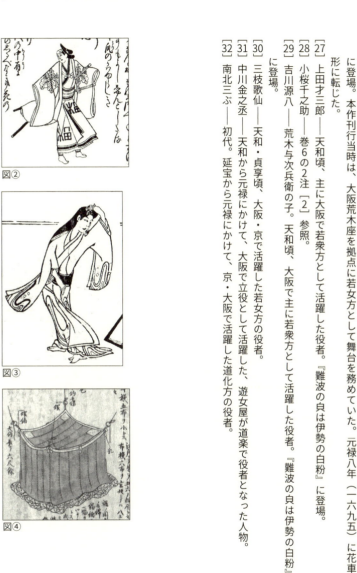

図⑤

図⑥

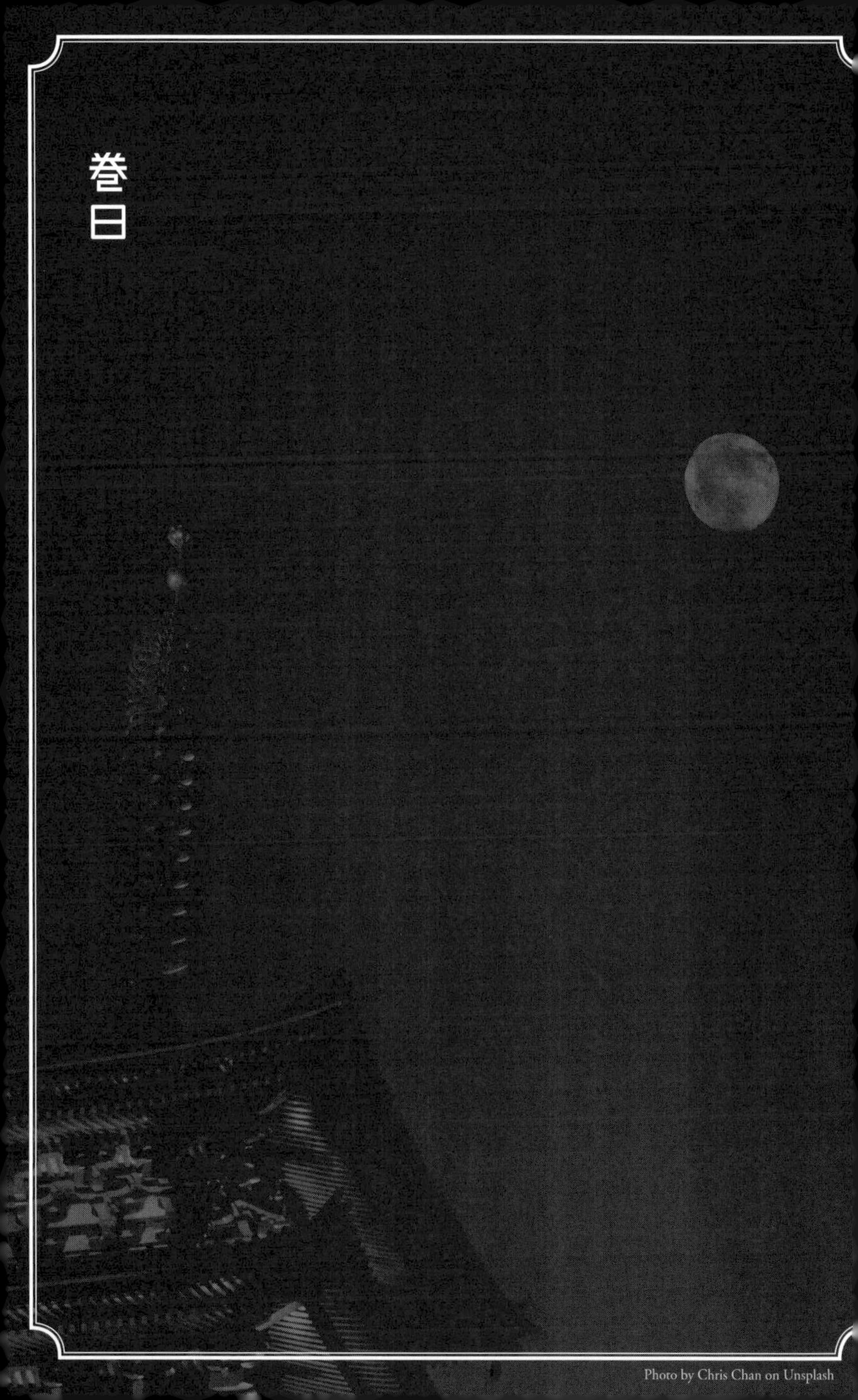

Photo by Chris Chan on Unsplash

1　声に色ある化物《ばけもの》の一ふし

京の涼み床は若《じゃく》・女《じょ》こもごも悲喜こもごも

《あらすじ》

名優藤田小平次《ふじたこへいじ》を継ぐ評判の女方、藤田皆之丞《ふじたみなのじょう》を連れて、作者西鶴がほかの若衆や遊び仲間と京都の涼み床へ出かけた折のエピソードである。鴨川《かもがわ》にかかる涼み床は立錐《りっすい》の余地もないほどの人出。そこに評判の若衆たちが堂々と出れば大騒ぎは必定《ひつじょう》ゆえに、人目を忍ぶ出で立ちでそっと涼み床へ滑り込んだ。夜になって人々がさばけた後、相手になる若衆のいない人々は石垣町に繰り出したが、若衆と思った人影は女で、皆之丞に恋い焦がれた井筒屋の娘であった。男にも女にも好かれた皆之丞の心温まるエピソードである。

「やあ、なんともめでたいものだ。鶴は千年、亀は万年、東方朔《とうほうさく》▼注[1]は九千歳じゃ」

と、年越しの夜に、厄払《やくばら》い▼注[2]が大声で触れまわっている。人は、年が寄り肌に波のような皺《しわ》が目立ってくると、よい夢が見られるよう枕の下に吉例の宝船を入れるのだが、年寄りは早起きで、加えて春の短夜と来ては、すぐに目が覚めてしまい夢どころではない。加えて、いつもと変わらぬ曙《あけぼの》を過ぎれば、祝いのために若水（新年最初に汲む水）を汲んで顔を洗っても、寄る年が寄らないということなどない。ことさら、なかなか結婚できない娘を持った親や、歌舞伎若衆の親方は、自分の年の数だけ煎り豆を数えながら、

「また今年も暮れてしまったのか」

と普通の人より嘆き悲しんでいる。

いずれにせよ、若衆の盛りは四、五年で、その間限りの花代《はなだい》（若衆を買う代金）だ。考えれば、なんとも気ぜわしい遊興じゃないか。そんなわけだからだろう、

「女ほど盛りが長いものはない。できることなら、女方の**藤田皆之丞**《ふじたみなのじょう》▼注[3]をそのまま女にしたいものだ」

という人が多かった。しかし、この広い都には美しい女がごまんといるじゃないかというと、ある人が、

「それはゲテモノ食いというものだ。同じことであっても、稀《まれ》なる立派な若衆に、女のまねをさせるのさえつらいことなのに」

という。衆道好きであるならば、このくらいは言わねばならぬ。

皆之丞の美しい風情といえば、まずは鬘《かつら》をつけた顔の表情であろう。雲間からわずかに出ている月のような美しさ

図①　藤田皆之丞（注3参照）

である。まなじりは玉芙蓉《たまふよう》と見間違うかのようで、観客への言葉は巧みであり、しかも情にあふれている。諸芸全般に通じて、しかも一流である。上京《かみぎょう》の御所車の前後に付いている宮女が、男を珍しいものとして想い廻らすような舞台姿である。そうした皆之丞の演技を見物人たちは真実のこととみなし、情け知らずの野暮天《やぼてん》をも、いっぱしの好き人にしてしまうのであった。皆之丞のファンは男というよりも、貴婦人方が多く、迷惑したことがたびたびあった。しかし、そうした女性に通じるという、若衆にあってはならないことは一度もなく、衆道を守り続けたのであった。

普段の衣装は、ほかの若衆たちと違って、黒羽二重に白小袖を重ねていたが、これがいつ見ても見飽きない端正さであった。肌着は一度に十着も仕立てるのだが、これは今の世の歌舞伎若衆はしないことである。これも皆養父の藤田小平次《ふじたこへいじ》が篤実《とくじつ》な人物を演じる芸風、すなわち実《じつ》事《ごと》を好んだことの影響であろう。この四条河原《しじょうがわら》▼注[4]では、それこそ水際立っていじらしく健気《けなげ》であった。

この美少年は、大阪は道頓堀《どうとんぼり》▼注[5]の大舞台で、松本名左衛門《まつもとなざえもん》▼注[6]が草木もなびくほどの人気を得ていたときに、初めて舞台に立った。その姿はまだ梅の蕾《つぼみ》であったが、その梅をはじめとする花が春を忘れずに咲くように、私（＝作者西鶴）は、皆之丞が、天王寺《てんのうじ》の二股竹▼注[7]をその小指に結んで舞台に立ったことを忘れずにいたことから、この君を連れて天王寺の春の彼岸に参拝したことがあった。皆之丞と一緒に連れ立ったのは、浅香主馬《あさかしゅめ》▼注[8]などの京都の役者たちで、小歌を皆で唄いながら、それを肴《さかな》にして酒を飲んだ。この酒に酔った勢いで神子《みこ》町に行き、沢井作之助《さわいさくのすけ》の霊を梅の木のこさんという巫女《みこ》に口寄せさせて呼び出した。

「尋ねてくださってうれしや」

と作之助の声になって巫女が語り出したところで、おかしくもなんだか悲しい気分になり、その場を抜け出してきてしまった。そんな折は泪《なみだ》の一粒でも流すべきだろうが、義理で泪は出ないものだ。

「仕組まれた芝居で無理に泪を流すのは、生活の手段とはいえ、悲しいものだと、上村門之丞《うえむらもんのじょう》や西川市弥《にしかわいちや》などがまだ若衆であったときに言っていたが、これは確かなことだ」

と大笑いした。

　その年の春も夢のごとく過ぎて、難波の芦《あし》の青葉を風が揺らしている。これも住み慣れた海辺の景色で珍しくもない。やはり京の風がよい。「では、ひと涼みに京へ」ということで、後家の営む水茶屋にて「さそう水」とばかりに仮初《かりそ》めの相談が持ち上がった。太鼓持ちのしまりなしの七十郎《しちじゅうろう》、いい出したら後にも先にも進まない石車《いしぐるま》の伊右衛門《いえもん》などが、「ご機嫌を取るのはよいが、このままでは話が一向に進まぬぞ」と出て行ったところ、間もなく道頓堀の浅瀬に早船の水覚船（水覚なる人が作った高速船）を寄せて、大尽はもちろんのこと、「〽おせささよい」と囃《はや》して船に乗った。船でも騒ぎは収まらず、盃《さかずき》踊り▼注[9]と称して右から左へと目まぐるしく盃が行き来する。そのうちに早くも日暮れになって四条の石垣町に到着した。

大鶴屋▼注[10]の二階から見渡せば、都とはまさにここのことであろう。京の人にも目鼻があり、大阪の人間にも手足があるのと同じである。もちろん、小判はここにも落ちてはいない。別に変わったところもないようだが、所狭しと並んだ涼み床《どこ》▼注[11]には、多くの人が詰めかけて、その中にはゆったりとした女たちも大勢混じっている。いずれも見苦しい身なりの者はおらず、見た目にはまるで正月が来たような楽しい雰囲気を醸し出している。注連縄《しめなわ》を染め出しにした浴衣、女院御所からはじまったといわれる上品な散らし模様の御所染め、縦縞《たてじま》模様染め、墨絵の山尽《づ》くし模様、曙《あけぼの》染めのようにぼかした縞《しま》模様、宮崎友禅《みやざきゆうぜん》▼注[12]が描いた萩の裾《すそ》模様、白鳶《はくえん》の若松《わかまつ》▼注[13]など、さまざまな模様を凝《こ》らしているが、素人目にはその価値はわからないだろう。

この夕べ、八坂の祇園《ぎおん》の神様もさぞやうれしく思われたであろう。その祇園ではないが、まずは神慮を清める神楽《かぐら》の名を持つ太鼓持ちの神楽庄左衛門《しょうざえもん》が、同じく太鼓持ちの、仕合わせの木工兵衛に何やらささやいた。それは、日も翳《かげ》って人顔が見にくくなったころ、女性たちの近くに涼み床を取らせて、皆之丞を誘い、定紋《じょうもん》なしの提灯にも顔を向けないようにして、こっそり忍ばせるというものであった。ほかの同道してきた若衆たちも、同じく忍び姿にするために、日ごろの振袖でなく、大人の男が着る丸袖の羽織を着せたのだが、それがなかなかにおかしい。さらに夏頭巾を被らせた一団が山のようになっているのは、夜に錦を飾るようなもので美しい顔もわからない。また、わざと男っぽい作り声をさせたりしている。ここまですれば、狂言作者としてさまざまな趣向を考案した富永平兵衛《とみながへいべえ》▼注[14]でも、一団が若衆だとは気付くまい。

この一団、いつの間にか酒に席も乱れて、太鼓持ちの乱酒《らんしゅ》の与左衛門《よざえもん》がうっかり若衆の名を呼んでしまったので、すっかり正体が現れてしまった。その若衆の面々とは、『千載和歌集《せんざい》』に、

朝ぼらけ宇治の川霧たえだえにあらわれわたる瀬々の網代木《あじろぎ》

（早朝、あたりが明るくなってくるとき、宇治川にかかる朝霧も薄らいでくる。その霧の切れ間から、魚を獲るための網代木が川瀬のあちこちから現れてきた）

とある、その宇治川ならぬ川嶋数馬《かわしまかずま》、波に色散る玉本数馬《たまもとかずま》、連れ引きの撥音《ばちおと》も静かに合わせる歌山春之丞《うたやまはるのじょう》と申し分ない若衆たちである。その中には、戯れの仮枕に少しまどろむうちに、父親の精進日であることを忘れず、宵に食べた鮨《すし》を思い出して急に口をすすぐ者もいる。なんともおかしい限りだ。

「後世のことなど気にするでない。この遊興の道こそ面白いのだから」と誰ともなくいうところへ、夜なのに編笠を被ったひと癖ありそうな男が、洒落た涼み床に狙いを定めて近づくと、

「伽羅の炷《た》きがらをくだされませんか」

という。さすが都だけあって物貰いも優雅なものだとよく見ると、太鼓持ちの花咲左吉《はなさきさきち》であった。

「よい女のいる川床を探しているのか」

というと、左吉は大笑いして、

「今宵の川床はどこも美しい女がいませんな。同じ値段で床を貸すなら、たとえしばしだとしても、美しい方々にお貸し願いたいものですな。今日はツキがなくてどうもいけません」

という。

「いや、まだお前の見残しがあるかもしれないぞ」

などといっていると、にわかに太鼓持ちたちが触れ売りのまねをして床を回りはじめた。

「火鉢はいりませんか」

と涼みに来る今ごろに必要なものとは思えないものを売りだす声に、

「今日のお慰みの一つとして碁の相手をいたします。一番に三文《もん》ずついただけるなら、見事に負けるように打ちます」

「ご内儀様方の白髪を月夜の光にて抜いてみせます」

「お若い方々はご退屈でしょう。喧嘩《けんか》の相手ならいたしますよ。いかがです」

と、声々に騒ぎ回ってみるけれど、さすがに平和に治まる御代《みよ》だからか、相手にする者もいない。酒宴でも短刀は落とさずに、扇で起こす少しの風に涼を取って皆楽しんでいた。京の穏やかな人心である。金をため隠居して、引っ込むならばここしかなかろう。

さらに上流へと眺めながら行くと、三条の橋▼注[15]より上に、人々から離れて床涼みをしている者たちがいた。しかし不思議なことに、備前焼の茶瓶《ちゃびん》と天目茶碗《てんもく》一つで、そのほかには盃もみえない。皆まじめくさった顔つきをして、何度も洗ったとおぼしき帷子《かたびら》（夏用の、麻や木綿のひとえの着物）を着て、その尻をまくって座っている。そして二十一桁の十露盤《そろばん》をはじいて、「酒・肴《さかな》・茶・煙草《たばこ》、およその見積もりをすると、いかほど掛かるだろう」と涼む間の費用を計算しながら、これを遊びの種としている。

「さても、暇な男たちもいたものだ。こんなことでせっかくの京をけちくさくしている。歌舞伎若衆の費用はかなり掛かるが、それをちゃんと算用しておかないか」と指さして大笑いをした。元の涼み床に帰ると、夜露に濡れる袖を労《いたわ》りながら、人々は散り散りに帰っていった。

山のように人が集まっていた河岸も、初めの川に戻って、水音だけが次第に淋《さび》しくなり、東の河岸《かし》に役者の声ばかりが、そこここに残っていた。坂田藤十郎《さかたとうじゅうろう》▼注[16]の一組、藤川武左衛門《ふじかわぶざえもん》▼注[17]の酒友達、嵐三郎四郎《あらしさぶろうしろう》▼注[18]も上機嫌であったものの、夜中の鐘を聞くと、明日の舞台勤めを考えて、「身に染みる冷たい風で声を嗄《か》らしてはならないぞ」と、皆帰って行った。その跡には十三夜の月が東山《ひがしやま》をまるで独り占めしたかのように、松の梢《こずえ》を照らしながら上ってあたりを明るくしていた。それは四条通りで蚤《のみ》が飛ぶのも見え渡るかのようであった。

「何はともあれ、寝てからが楽しみだ」

として、大尽たちはそれぞれに若衆を引き連れてしけ込むのだが、その濡れ相手がいない者どもにとっては、宵につまらぬこと▼注[19]をいって若衆をたしなめたのを後悔するほかなかった。見れば、同じ蚊帳に色気のない男ばかりで枕を並べるしかなく、実にくやしい思いである。今からでも遅くはない、陰間《かげま》に暇なのがいるかもしれぬと思い、ことわざにいう、置かぬ棚をまぶる（置いた覚えのない棚を探る）ような心持ちで石垣町に行った。そして茶屋の灯《ともしび》で若衆姿の影が障子に映るのを、それこそ頼もし気に見ていると、建て続いた茶屋の棟《むね》から美しい女が現れた。絹《きぬ》縮みの広袖に黒繻子《くろじゅす》の前帯をしめて、髪を梳《す》いて中ほどを結び、金の房付きの団扇《うちわ》を翳《かざ》している。思いもかけなかった女の姿に、月は見事に晴れていても、事の不思議は晴れなかった。その場にいた誰もが心底《しんそこ》驚いて、観音経などを心の中で唱えてみたが、女の姿は消えることなく、軒《のき》端《ば》の方に近寄って、誰に対してかわからないのだが、人を招きながら、「情け知らずめ」と言った。それで、これは疑いなく恋のために現れたのだとわかった。

　その場にいた者たちは、誰も見覚えなく、胸騒ぐうちにも、こんな目に遭うのも悪くはないなどと思った。その女は身をもだえて、

「せめて返事だけでもしてほしいのに、それもないのですか」

と泪が袖を伝って、白玉を連ねたようになり、それも砕け散った。女は手ずから自らの手紙を投げつけたところ、その手紙の上書きには、「多古の浦袖さへ匂ふ」▼注[20]と書いてあったので、すぐに藤田皆之丞《ふじたみなのじょう》に恋い焦がれていることがわかり、ひとしお哀れに思われた。

「せめて盃をやったらどうか」

と太夫の皆之丞に無理やり酒を飲ませて、その盃を軒口に投げ入れてみれば、女はうれしそうにその盃をいただいて、すぐに投げ返しながら、

「こちらに酒はなく、空盃になりますが……一ついかがでしょう」

といいながら、屋根越しに小歌を唄う声が聞こえてきた。

「これは、このあたりで評判の井筒屋の娘の声にそっくりだ」

と誰かが言った。

別にそれをとがめるわけでもなく、そのままに空は名残を残して明けていった。男性にも女性にもこのように深く慕われるのは、この君の美徳の一つなのであろう。

▼注

[1] 東方朔――中国、前漢（紀元前二〇六～八年）の文人。西王母《せいおうぼ》の桃を食べて長寿を得たという伝説がある。

[2] 厄払い――年越しの夜に家々を回り、厄払いの言葉を述べて祝儀を得た物乞いの集団のこと。

[3] 藤田皆之丞――延宝・天和期に活躍した京都の若女方。『役者評判蚰蜒《げじげじ》』に「とゝの小平次」とあるように、名優藤田小平次の子（養子）。本文でも紹介されているように、美しく端正な面体と所作で評判を取った女方。評判記『野良立役舞台大鏡《やろうたちやくぶたいおおかがみ》』によれば、「女方のたけながなる」「采体《とりなり》大きなるによつて」とあり、体つきがほかの役者より大きかったことがわかる。図①（『役者評判蚰蜒』、『歌舞伎評判記集成』第一巻、岩波書店）。

[4] 四条河原――巻7の4注［4］参照。

[5] 道頓堀――巻5の2注［6］参照。

［6］松本名左衛門——藤田小平次と並び称賛された大阪の名優。寛文四年（一六六四）～天和二年（一六八二）にかけて活躍した。父の跡を継ぎ二代目となった。座元となり多くの若衆役者を抱えた。

［7］二股竹——一本の竹が途中から分かれて二股になったもの。希少なもののたとえ。大阪天王寺にあるものが有名という。

［8］浅香主馬——後の大阪嵐座の立役市村四郎次《いちむらしろうじ》の若衆名。若衆時代は京都で活躍していた。

［9］石垣町——巻7の1注［1］参照。

［10］大鶴屋——巻7の1注［2］参照。

［11］涼み床——夜、納涼のため川の中などに設けられた床。図②（本章挿絵）。

［12］宮崎友禅——元禄期を中心に活躍した扇絵師。友禅染の祖といわれる。

［13］白鳶の若松——未詳。

［14］富永平兵衛——延宝～元禄期に活躍した歌舞伎作者。顔見せ番付に初めて脚本の作者として名を出したといわれる。

［15］三条の橋——三条大橋（京都図、236ページ参照）。

［16］坂田藤十郎——元禄期の上方歌舞伎を代表する立役者。後年、近松門左衛門《ちかまつもんざえもん》と組んで『傾城阿波鳴門《けいせいあわのなると》』などの名作を世に出した。

［17］藤川武左衛門——元禄期の上方の武道方を代表する役者。

［18］嵐三郎四郎——その美貌とやつし事で人気を博した上方を代表する役者。死後、西鶴は『嵐無常物語《あらしむじょうものがたり》』なる三郎四郎の最期物語を世に出している。

［19］つまらぬこと——前文に、親の精進日であることをに気付いた若衆が、宵に食べた鮨を思い出して急に口をすすいだことに対して「後世のことなど気にするでない。この遊興の道こそ面白いのだから」とたしなめたことが記されているが、恐らく、酔いに任せて若衆をいろいろと嬲ったのであろう。あるいは、親の精進日であることを大っぴらにしたことで、同衾《どうきん》できなくなってしまったということか。

［20］「多古の浦袖さへ匂ふ」——「多祜《たこ》の浦底さへ匂ふ藤浪をかざして行かむ見ぬ人のため」（多祜の浦の底まで色

が映える藤の花が波の打ち寄せるように揺れている。その藤の花を頭に飾りとして挿して行こう。ここの景色が見られない人のために）という『拾遺集』の和歌の表現を言い換えたもの。

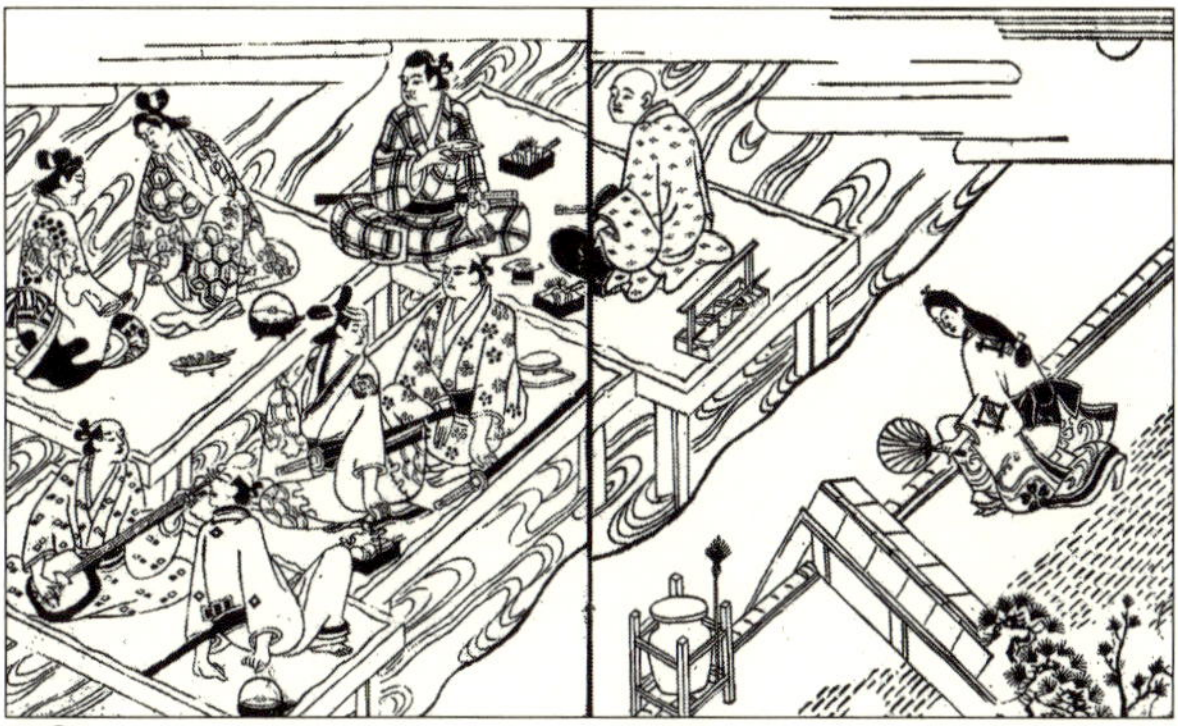

図②

2　別れにつらき沙室《しゃむ》の鶏《にわとり》

とにかく目立ちたい！　愛情表現も派手な天狗若衆

《あらすじ》

歌舞伎役者にとって、花の盛りはなんといっても若衆の時期。それゆえ、若衆方は役者の花形である。中でも、峯野《みねの》小曝《こざらし》などは、大勢の観客を虜《とりこ》にして離さない、今をときめく若衆方だ。彼が着た虎斑《とらふ》の天鵞絨《びろうど》が、遠く離れた地方にまで流行したのも記憶に新しい。さりとて、若衆方でいられる期間はほんの束《つか》の間《ま》。私（＝作者西鶴）は長年色んな役者を見てきたので、強持《こわも》ての敵《かたき》役でも、昔は美しい若衆だったのをはっきり記憶にとどめている。彼らを慰めてきた遊び事も興味深い。かの小曝が最近、闘鶏《とうけい》に打ち込み、三十七羽の軍鶏《しゃも》を飼育している。彼にとっては自慢の種だったのだが、少々不都合が起こって、一匹残らず追い払ってしまったと。小曝の身に何が起きたのか。

昔から「鼻は人の顔の山にあたる」▼注[1]と言い伝えがある。その山は、男女に限らず高低がある。まったくもって人の顔つきは思い通りにならないものだ。『源氏物語』の末摘花《すえつむはな》▼注[2]という女は、高い鼻が赤くてひどく醜かったにもかかわらず、美女の一人に数えられている。考えてみると、どちらかといえば鼻が低いよりは高くて美人と評される方がましだろう。鎌倉新蔵《かまくらしんぞう》も道化形《どうけがた》の役者なればこそ、低い鼻でも世間は大目に見た。

古いところでは、松本名左衛門《まつもとなざえもん》▼注[3]、中ごろでは宮崎伝吉《みやざきでんきち》▼注[4]、今の**峯野小曝**《みねのこざらし》▼注[5]は、みな美少年で、美しい花の盛りには観客を虜《とりこ》にしたものだ。趣向《しゅこう》を凝らした彼らの姿に見とれつつ、うまい酒を飲んだのは、今でもしみじみとした良い思い出である。特に小曝は、歌舞伎若衆の手本になるような見事な衣装を着始めた。中でも虎膚天鵞絨《とらふびろうど》▼注[6]は、瞬く間に遠い田舎にまで評判が広まったほどだ。

「若衆たちが舶来の織物を着始めたのは、これを手本にしたのだ。イロハだとか暦《こよみ》だとか奇抜な小紋に染めて競い合ったものだ」

と、立役《たちやく》の平川吉六《ひらかわきちろく》も過ぎた昔を思い出して話したことがあった。

そのころ名高かった若衆方の小島妻之丞《こじまつまのじょう》は立役になって彦十郎《ひこじゅうろう》と名を改め、小野山主馬《おのやましゅめ》などは宇《う》治右衛門《じえもん》と改め、敵役《かたきやく》として怖い顔で舞台に上がり、京都の見物客の注目を集めている。彼らだけではない。三原十太夫《みはらじゅうだゆう》、柴崎林左衛門《しばさきりんざえもん》、沢田太郎《さわだたろう》右衛門《えもん》、桜井和平《さくらいわへい》などは今でこそ力強い立役を務めているが、かつては若衆方の役者であったろう。

図①　峯野小曝（注5参照）

岩倉万右衛門《いわくらまんえもん》、松本文左衛門《まつもとぶんざえもん》、山本八郎次《やまもとはちろうじ》のあでやかな女役の鬘姿《かつらすがた》を見てきたことを思えば、若くて美しいのはほんの束の間《つかのま》というのが実感である。今では花車方《かしゃがた》の松本間三郎《まつもとまさぶろう》も、小膳《こぜん》と名乗っていたころは若衆方であったし、同様に小勘太郎次《こかんたろうじ》も、今では綿帽子▼注[7]をかぶって老け役を演じている。歌舞伎役者ほど移り変わりの激しいものはあるまい。鶴川染之丞《つるかわそめのじょう》は惣兵衛《そうべえ》と名を改め、松本常左衛門《まつもとつねざえもん》も以前とはすっかり見違えてしまった。梅之助《うめのすけ》は六左衛門《ろくざえもん》と改め、中村《なかむら》主膳《しゅぜん》は六郎右衛門《ろくろうえもん》と改め、立役を務めている。西川庄太夫《にしかわしょうだゆう》の三味線も死んでしまった今となっては聞くこともできない。宮田沖之介《みやたおきのすけ》のことを言い出す人もいない。こうやって思いを馳《は》せるに、儚《はかな》い浮世とはいえ一日でも永らえた方が得である。

歌舞伎若衆の遊び事についてもさまざま見聞きしてきた。十炷香《じしゅこう》▼注[8]がすたると、力のいらない楊弓《ようきゅう》で星の的を当て、星のまたたく夜になると音羽山《おとわやま》（現在の京都市東山区。東山三十六峰《さんじゅうろっぽう》の一つ）の鈴虫、逢坂山《おうさかやま》（現在の滋賀県大津市と京都府の境にある山）の轡虫《くつわむし》▼注[9]、住吉の松虫を籠に入れて楽しんだ。それとて秋の末にはすたり、今度は貝の収集が流行った。こういった具合に、日本にあるだけの遊び事をやりつくしたあげく、今度は勇ましい沙室《しゃむ》▼注[10]の鶏合《にわとりあわ》せ（闘鶏《とうけい》）が流行り、峯野小曝が鶏合せの会を催《もよお》しはじめた。

八尺（約二・四メートル）四方の土俵で、沙室を闘わせ、行司《ぎょうじ》が勝負を判定するのである。これもなかなかの見ものであった。東西に並ぶ沙室には洒落た四股名《しこな》が付けられた。鉄石丸《てっせきまる》・火花《ひばな》丸《まる》・川端韋駄天《かわばたいだてん》・沙室のねじ助・八重《やえ》のしゃっ面《つら》・磯松大風《いそまつおおかぜ》・伏見《ふしみ》の利根《りこん》（生まれつき頭がいいこと）・

中の嶋無類《むるい》・前の鬼丸《おにまる》・後《のち》の鬼丸・天満《てんま》の力蔵《りきぞう》・今日の命不知《いのちしらず》・今宮《いまみや》の早鐘《はやがね》・脇見ずの山桜・夢の黒船・髭《ひげ》の樊噲《はんかい》（中国前漢の武将。劉邦《りゅうほう》に従い、武勇を示した）・神鳴《かみなり》の孫介《まごすけ》・さざ波金碇《かねいかり》・紅《くれない》の竜田《たった》▼注[11]・今不二《ふじ》の山・京の地車《じぐるま》（四輪の荷車のこと）・平野の岸崩し・寺島のしだり柳（寺島は大阪の当時の地名）・綿屋の喧嘩母衣《けんかぼろ》（母衣とは、戦場で流れ矢を防ぎ、存在を示すための標識）・座摩《ざま》の前の首白《くびしろ》（「座摩」も大阪の地名）・尾なし金平《きんぴら》（金平は坂田金時《さかたきんとき》の子で怪力）などなど……、このほかにも、錚々《そうそう》たる名鳥が揃っていた。若衆らは、より強い沙室を買い求めるためにもったいないことに大金を捨てるのであった。

　小曝も気が向くままにえりすぐりの三十七羽を庭籠《にわこ》▼注[12]に入れさせて、「この沙室にまさるものはあるまい」と悦に入っていた。そんなある夕方のこと。小曝が好ましく思っている人が訪ねてきて、いつもよりはしんみりと睦《むつ》み合う。自宅のことを気にして客人は、

「夜明け前の八つ（午前二時）の鐘が鳴ったら、寝ていてもかまわないから知らせてくれ」

と、台所にいる者におっしゃった。役者が贔屓《ひいき》客の相手を勤めるのは当たり前だが、恋の誠を尽くして語り合う夜ほど明けるのが早く、長蠟燭《ながろうそく》もあっという間に燃え尽きる。そして、無情にも八つの鐘が鳴った。小曝はごまかそうとしたが、客人は鐘の音に耳をすまし、

「もう八つだ」

「いや、まだ九つ（午前零時）ですよ」

と言い争いが収まらないうちに、例の三十七羽の沙室が一斉に鳴きはじめた。

「それ、言わんこっちゃない」

と、客人は起き出していつもの忍び駕籠《かご》を急がせて帰ってしまった。小曝は名残を惜しんだが、致し方なく、涙を流して夜が明けるやいなや、

「おのれら。恋の邪魔をする不届き者め！」

と、一羽残らず追い払ってしまった。

こういった態度は、職業的な（勤めとして割り切っている）若衆の心持ちからは出てこないものである。情けをかけたかいがあるというものだ。

ある年の春、遠く中国の人が海を渡り、吉川《よしかわ》多門《たもん》▼注[13]と深い仲になって、いよいよお別れというみぎり、安治川口《あじがわぐち》▼注[14]まで見送った多門の涙は、その夜の寒空に雨となり風になって、袖のみならず、全身が濡れるのもいとわなかったという。小曝の先ほどの態度と思い合わせて、一層かわいらしさがまさる。昔、律師《りっし》覚範《かくはん》がその名も多門という弟子に、

恨みずばいかでか人にとはれまじうきもうれしきものにぞありける▼注[15]

（もしも稚児《ちご》が私との別れを悲しく思わなかったならば、どうして稚児の方から私を訪ねたりするものか。だとすると、つらい別れもかえってうれしいことなのだなあ）

と和歌を詠んだのも、こんな思いを込めてのことだったのだろう。

▼注

[1]「鼻は人の顔の山にあたる」――同時期に刊行された観相書《かんそうしょ》『人相《にんそう》小《こ》鑑《かがみ》大全《たいぜん》』には、「鼻は一面の表《ひょう》」というとある。また、額を「上停」、顎を「下停」と呼ぶのに対し、鼻は「中停」と呼ぶともあり、顔の中心の山に見立てる理解がなされていた。

[2]『源氏物語』の末摘花――『源氏物語』「末摘花」本文では、先端が垂れ下がった高い鼻を「普賢《ふげん》菩薩《ぼさつ》の乗物」にたとえている。

[3]松本名左衛門――巻8の1注[6]参照。

[4]宮崎伝吉――寛文十一年（一六七一）～享保六年（一七二一）年にかけて活躍した。延宝年間（一六七三～八〇）頃まで若衆方として舞台を務めた後、天和三年（一六八三）年江戸に下り、『女君《おんなぎみ》二《に》河《が》白道《びゃくどう》』で梅津《うめづ》嘉門《かもん》を演じたころから立役に転じた。

[5]峯野小曝――延宝～天和（一六七三～八三）の間に大阪道頓堀を拠点に活躍した若衆方。図①（『難波《なにわ》の皃《かお》は伊勢《いせ》の白粉《おしろい》』、『歌舞伎評判記集成』第一巻、岩波書店）。「峯野」から連想されるものに、京の峰々を飛び巡る天狗とその鼻の高さ（驕り）がある。西鶴の歌舞伎評判記『難波の皃は伊勢の白粉』では、小曝が「飛子（旅回りで色を売る若衆）」として諸国を「飛び巡って」いたことが暴露されるとともに、華美な衣装や派手な振舞いが揶揄《やゆ》されている。本話が「鼻」の話題からはじまるのは偶然ではない。

[6]虎膚天鵞絨――天鵞絨は、十六世紀半ばにポルトガルからもたらされた添毛織りの一種。ここでは、虎の縞模様。

[7]綿帽子――巻6の2注[20]参照。

[8]十炷香――香を鑑賞したり、香をかいでその種類をあてたりする「聞香《ぶんこう》」の基礎とされる、室町時代からある最も古い形。

[9]音羽山……住吉の松虫――音羽山、逢坂山、住吉はいずれも歌枕で、和歌の連想を呼び込む地名。「音羽」は「羽」で「音」を出す「鈴虫」に、交通の要衝「逢坂」は馬の「轡《くつわ》」が鳴るから「轡虫」に、「住吉」は「住吉の松」

から「松虫」に（しかも「松虫塚」のある阿倍野に近い）、それぞれ連想が結び付く。

[10] 沙室――鶏の一種。江戸時代初期にタイから輸入され、日本で改良されたものという。首は長く、目はするどい。足に大きな蹴爪《けづめ》がある。図②（『絵本写宝袋《しゃほうぶくろ》』金沢美術工芸大学附属図書館蔵）。

[11] 紅の竜田――『百人一首』などで著名な在原業平《ありわらのなりひら》「千早ぶる神代もきかず龍田川から紅に水くくるとは」に由来した四股名。

[12] 庭籠――巻6の4注[8]参照。

[13] 吉川多門――巻7の5注[26]参照。

[14] 安治川口――現在の大阪市西部、中之島の西端から南西に流れ、大阪湾に注ぐところ。船着場であった（大阪図、238ページ参照）。

[15] 恨みずばいかでか人にとはれまじ……――『後拾遺和歌集』巻第十六に入集。「覚範」は誤記で正しくは「朝範」。朝範は、平棟仲《たいらのむねなか》の子。比叡山《ひえいざん》で出家し、承保三年（一〇七六）年に律師となった。稚児《ちご》の名前の「多門」は西鶴の創作だろう。

図②

3 執念《しゅうねん》は箱入《はこいり》の男

色気づいた人形が愛する役者の名を呼んだ

《あらすじ》
田代如風《たしろじょふう》という千人斬りを達成した侍が、四天王寺《してんのうじ》に供養塔を建立されたとか。私（＝作者西鶴）も千人の若衆と契ってまいったが、ほとんどが勤めの身として仕方なく身を任せたのであって、思えば気の毒なことをした。そこで、私も如風のひそみにならって、千体の張子《はりこ》人形をこしらえて嵯峨《さが》の某寺に納めた。いつか衆道が広まった折に御開帳となろう。
さて、本章にはおとなしくお寺に収納される人形ではなく、人のように口を開く人形が登場する。「京都で美しい歌舞伎役者と遊びたい」と御所望の備前《びぜん》岡山の五人の方をご案内したのだが、その座敷に何者かが届けた人形が、せっかくの楽しい若衆とのお戯《たわむ》れを台無しにしてしまった。故郷では池田光政公がまじめで堅苦しい学問を奨励されている。彼らは、難しいことを考えるのは一旦やめて、ほんの束の間の娯楽を求めて足を伸ばしただけなのに、えらい災難であった。いや、かえっていい土産《みやげ》話になったかもしれないが。

千人斬りで知られる田代如風《たしろじょふう》は、▼注[1]大阪の四天王寺《してんのうじ》に石塔を建てて供養した。この私（＝作者西鶴）もまた、足かけ二十七年の間、色を替え品を替えかわいがった若衆の名前を書き留めたところ、すでに一〇〇〇人に及ぶ。彼らとの関係を振り返ってみると、義理を守って意気地《いきじ》を貫いた者とて数えるほどしかいなかった。大方《おおかた》は勤めとしていやいやながら私（＝作者西鶴）に身を任せた若衆で、彼らの心を思うと、哀れでならない。せめてもの衆道供養のためと思い立って、上等の懐紙で千体の若衆人形を張子《はりこ》（木型に紙を重ね張り、乾いてから型を抜き取るもの）でこしらえて、嵯峨《さが》の遊び寺に納めて置いた。これぞまさに男色開山の御作《ごさく》である。後世に衆道が広まるとありがたく御開帳されるであろう。

さて、あるとき備前《びぜん》岡山の男たちが、故郷の春の波や牛窓《うしまど》の白魚、虫明《むしあけ》の瀬戸▼注[2]の海月《くらげ》、唐琴《からこと》の泊《とまり》▼注[3]のあみ海老などの名産を肴《さかな》に地酒の小島酒《こじまざけ》を飲むのにもすっかり飽きてしまい、都に上《のぼ》ってきた。彼らが揃いも揃って聖人のようなまじめくさった顔つきになるのは土地柄▼注[4]で、どうせ先の知れた命だというのに楽しみのないことだ。都の桜が散らないうちにと船出すると、花散らしの風があたるのも一興である。安井門跡《やすいもんぜき》真性院の有名な「黄昏《たそがれ》の藤」は今が盛りで、折しもそれにふさわしく夕暮れを告げる鐘が鳴った。夜が明けると男たちは芝居見物に繰り出し、日が暮れると若衆の品定めをして、昼の舞台の面影が忘れられない花形役者を招くことにした。茶屋は数々あるが、菱屋六左衛門《ひしやろくざえもん》の河原に面した二階の座敷に限る。というのも、東には名高き東山《ひがしやま》を背にし、石垣町筋の向かいに目を下にやると四条の橋があり、都の中の都ともいうべき場所だからである。

今宵《こよい》の遊びはいつもと趣きが違う。素晴らしい美少年がお集まりになった中にも「百体頭《ひゃくたいがしら》」▼注[5]

さながら、とりわけ美しい容姿で拝まれなさるのは、**竹中吉三郎**《たけなかきちさぶろう》▼注[6]と**藤田吉三郎**《ふじたきちさぶろう》▼注[7]の二人で、神《かみ》代《よ》よりこのかた古今稀な美しさで、憎らしいほど見事な装いである。さらに、その移り香に心魅かれる袖岡政之助《そでおかまさのすけ》の小唄の一節《ひとふし》は恋の迷いのもとである。それに光瀬左近《みつせさこん》、外山千之助《とやませんのすけ》を加えて五人の若衆が同席し、これこそ今の世の美男揃い。備前の客人たちは、あたかも物言う花の山に分け入ったようで、枕をともにする春の世の戯れは、遊女のそれと少しも変わるところがない。

「考えてみると玄人《くろうと》の若衆はひとしお優しい。素人《しろうと》の若衆は、兄分と互いに心意気を感じて契りを固め、命を兄分に預け、万が一のときには後ろ盾《だて》になってもらおうと、行く末まで信頼を寄せて付き合う。この若衆たちにはそういった楽しみはないけれど、気心の知れない初会《しょかい》（初めて若衆がその客の相手を勧めること）から客に身を任せてくる。これは、情け深い素人にもまさる心意気ではないか」

と、粋人ぶった坊主頭の私▼注[8]（＝作者西鶴）が、人の気のつかないところまで心を働かせて申し上げた。

しかし取り持ち役なのを忘れた私の振る舞いは、

図②　竹中吉三郎（注6参照）

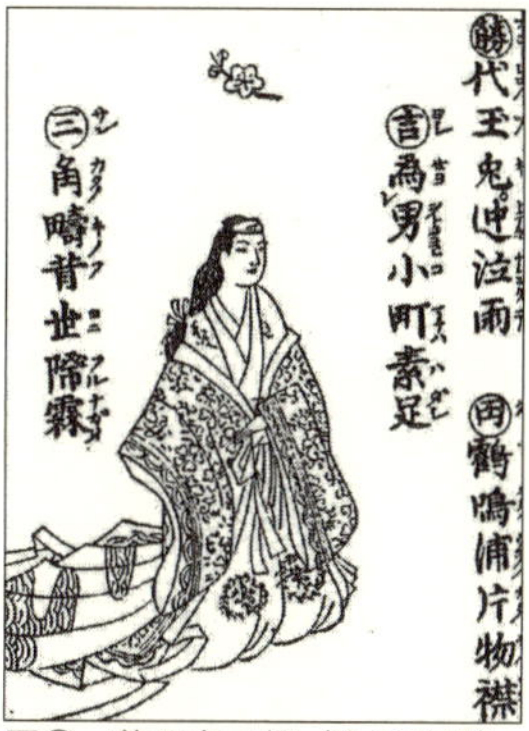

図③　藤田吉三郎（注7参照）

逆に凝りすぎて、かえってよくなかったかも知れない。とはいえ、利口な若衆たちの取り計らいによって少しも座がしらけることはなく、酒宴はますますたけなわとなった。茶屋の亭主も盃《さかずき》の回りが遅くなったときに呼び出され、取り次ぎが重なると本当に酔っ払ってしまい、料理自慢を長々と話し出す始末で、それも飲み潰されてほとんど前後不覚のありさまであったが、そんな最中《さなか》でも本業の指示だけは忘れず、

「もう夕方から吸い物は六色《むいろ》（ぜいたくな具だくさん）を出したのか。もう一度桂川《かつらがわ》の柳葉魚《やなぎばうお》に松葉《まつば》（アカザ科の一年草）をあしらったやつを蓋《ふた》茶碗で軽く出せ。その後に深い鉢《はち》に水をためて桜の花を浮かべて、生のアワビを角切りにして先の細い箸《はし》を添えて出せ。遊びの座敷なんてものは見せかけが大事なんだ。そうすれば、銭三十文《もん》（約六〇〇円）くらいのものでも小判二両（約一六万円）の価値が出るんだ。俺の才覚一つで一家十三人を四十年も養ってこられたのは、世間に悪い印象を持たれなかったからだ。特に今宵は他国《よそ》からおこしになったお客様で、お若衆も今の都の花形揃いときている。お手が鳴ったら猫の手でも借りて取り持ちをさせよ」

といいながら寝込んでしまったのが二階まで聞こえて、

「いやはや、各々商売には抜け目のないものだ」

と、ひとしおおかしく思われた。その後は、浴びるように飲んで酒に馴れた若衆でさえ紅《くれない》の寝道具さながらの顔色に変わった。

一人一人の身なりを見ると、まず竹中吉三郎は、浅葱色《あさぎいろ》（緑がかった薄い藍《あい》色）の引っ返し[注9]を下

着に、中着は紅鹿《べにか》の子《こ》、上着は鼠繻子《ねずみじゅす》▼注[10]の紋付、白羅紗《しろらしゃ》の羽織に小鳥尽くしの中国舶来の絹の裏を付け、八色で染めた紐《ひも》をほどいて、白柄《しろつか》の長脇差《わきざし》を半ば抜き出して差し、左に身を少しひねって座り、笑うと口元がゆがむのがいよいよ愛らしい。次に藤田吉三郎はというと、白小袖の上に、自分の名にちなんだ藤色の紫縮緬《むらさきちりめん》（表面に細かいしぼを出した絹地）の小袖を二枚重ね、さらに羽織・帯・帽子までも同じ色でしとやかに身なりをかため、息づかいまでも気を付け、若衆の風格が自然と備わっている。

「家柄さえよければ、立派な小姓《こしょう》（武家の主人の雑用役）にでもなるようなお人柄だし、将来有望な役者ですね」

と、私（＝作者西鶴）も素面《しらふ》のときに岩井半四郎《いわいはんしろう》に話したものだ。都ではうれしがられ、大阪では歓迎される装いである。第三に袖岡政之助は、黄色い肌着に青茶と樺茶《かばちゃ》の縞《しま》の小袖を重ね、ぱっと華やかで人目を引く気立ては、さながら女のようである。彼の話すのをたまたま耳にした人は、作り声かと思うだろう。頭から足のつま先まで色っぽいので、誰も彼を嫌う人はなかった。第四に光瀬左近は、白い下着に薄紫色の中形模様《ちゅうがた》▼注[11]の小袖を着て、縫い取りで表した縞模様の帯をしめ、萌黄色《もえぎいろ》の丸打ちで巻いた組糸に、角《かど》を丸くした鍔《つば》の刀を挿し、髪の結い方もひときわ目立ち、おざなりなところのない、人が好む様子であった。最後に外山《とやま》千之助は、濃い紅《もみ》の下着に白地に肉筆で東海道を描いた小袖を着ていた。この文様に示される通りに、卑《いや》しい馬方も彼には馬につながれるように夢中になり、川越えの人足も川ではなく恋に身を沈めることだろう。

そのうちに白川橋《しらかわばし》に本物の旅人の声がして、鶏《にわとり》も客に朝立ちを促して鳴き、頂妙寺《ちょうみょうじ》（現在の京都市左京区にある日蓮宗の寺）が夜明けの鐘をむやみに撞《つ》き鳴らしているが、煩悩の数と同じ一〇八回であろうか、立春（旧暦。現在では元旦付近になる）から数えて八十八夜目の霜が降りるのも今夜限りという三月二十八日の夜も更けて、袖も冷えるが、それでも色遊びに飽きない男たちは、世間で浮気と評判を立てられようとそんなことには一向かまわぬ浮世である。何のかのという中に、

「焼味噌を肴《さかな》にまた酒だ」

と言う者があったとき、門の戸をたたきあげて、ある使いの者が、

「これを二階の皆様に……」

と、贈り物の入った箱を一つ手渡すと姿を消した。

座敷にその箱を持ちだしたのはいいものの、取り扱いには困ったものだ。先方が名乗らなかったのも賢明だ。そして、こちらから名を尋ねなかったのも利発であった。見たところ杉の箱なので、中身は菓子に決まっている。昼間逢った役者には誰にも今夜の遊びの詳細は話していない。だから、

「誰かが気を遣って贈ってくれたのだろう」

と知人を思い浮かべてみたが、藤本平十郎《ふじもとへいじゅうろう》、杉山勘左衛門《すぎやまかんざえもん》、坂田伝才《さかたでんさい》なども知らないことだ

ろう。

「さては、天から授かった一箱だ」

と皆で大笑いして、箱は開けずにそのまま放っておいた。

間もなく若衆たちの迎え駕籠《かご》がやって来て騒がしくなり、客人たちは心の残らぬよう別れをし、その晩も約束をして再会するまでの淋《さび》しさはひとしおであった。若衆たちが帰ってしまわれた後で、客人たちはすっかり寝込んでしまったが、前後不覚で五人とも枕をはずしていろいろと夢を見ていると、先ほどの杉箱の中から、

「吉三《きちざ》、吉三！」

と確かに二度呼ぶ声があった。皆聞き耳を立てて起き上がると、箱の中から音がして不気味だ。だが、気の強い男が蓋を取って中を確かめると、どんな人の手によって作られたものか、角前《すみまえ》髪《がみ》（額の両角を直角に剃りこむ十五、六歳の髪型）の美少年の人形が、まるで目つきや手足の力みまで生きているようであった。さらに気をつけて見ると、以下のような書面が添えられていた。

「私はこのあたりで人形屋を営んでいますが、お贈りした人形はひとしお心を込めて作り、看板に立てて置いて長くなります。ところが、いつのころからかこの人形はまるで魂が宿ったようにたびたび身を動かすようになりました。だんだんと自我に目覚めて、近ごろでは色気づいて、芝居帰りの若衆たちに目を付けるようになりました。これだけでも不思議なのに、あまつさえ毎晩本命の若衆の名を呼ぶようになったのです。なんとなく恐ろしくなって、誰にも言わ

ずに二、三度河原に流しましたが、いつの間にか家に戻ってくるのです。木切《きぎ》れでこしらえた人形が口を開くなど聞いたことがありません。自らの手で作った人形ながらまったくもてあまし、困っておりましたが、ちょうど藤田吉三郎、竹中吉三郎の二人の吉三様が、その座においでになると見知りましたので、この人形を差し上げることにしました。後《のち》の世までの話の種に試してご覧なさい」

と、ありのままに書き記してあった。

備前からの客の中に大抵のことには驚かない男が進み出て、人に挨拶するように、

「お前は人形の分際《ぶんざい》で衆道に志《こころざし》があるのは優しいことよ。二人の吉三様を好いているのか」

と話しかけると、すぐに人形がうなづいたので、皆呆《あき》れて興ざめしてしまい、宵からの若衆との慰み事も吹き飛ばされてしまった。そこへもっともらしい人がしかめっ面《つら》をして、

「人形だとて侮《あなど》るでないぞ。そもそも人形は垂仁天皇《すいじんてんのう》八年に野見宿祢《のみのすくね》が初めて作ったときに人間の働きを得た▼注[12]というじゃないか。中国には后を見て笑ったなんて伝説▼注[13]もある。二人の吉三様は世にも優れた美少年だ。こうした人形さえ惚れこんでもおかしくはない」

と語って、しばらく感心していたが、まだ枕元にあった飲み捨ての盃を取り上げて、

「この盃はみんな吉三様のお口に触れたものだぞ」

と言って人形に盃を差してやった。

「大体、この若衆たちは数えきれないほど大勢の見物人に恋い慕われているんだ。お前の恋な

どかないっこないよ」

と望み通りにいかない理由《わけ》をささやくと、人形ながら納得したような表情を浮かべて、それからは目もくれずに思いを断ち切ったという。

　こんな人形ですら聞き分けのある賢い世の中なのに、親が意見するのを尻に聞かせて（耳を傾けないで）、野郎狂いが高《こう》じて家を失って立ち退き、飽きてもいない妻子に離縁状をやって、都を出て江戸に下っても、小判の詰まった一升入りの壺が埋まっているのが見つかるわけではない。だが、一生使っても使いきれない金の棒があるとしたら、天秤棒《てんびんぼう》の両端で担ぎたいのは、竹中吉三郎と藤田吉三郎だ。紛れもなく、両名とも重いも軽いもない千枚分銅▼注[14]の値打ち物であるからである。

▼注

[1] 田代如風——肥後《ひご》国益城《ますき》郡中島出身と伝える武士。慶安三年（一六五〇）十二月十四日に供養塔を建立したとされる。図①（陰山白縁斎《かげやまはくえんさい》『狂歌絵本浪花《なにわ》の梅』、大阪大学附属図書館忍頂寺文庫蔵、クリエイティブ・コモンズ表示 - 継承 4.0 国際 ライセンス（CC BY-SA））。

[2] 虫明の瀬戸——巻7の2注［22］参照。

[3] 唐琴の泊——巻7の2注［21］参照。

[4] まじめくさった顔つきになるのは土地柄——寛永九年（一六三二）より岡山藩の藩主となった池田光政《いけだみつまさ》は学問を奨励し、熊沢蕃山《くまざわばんざん》などに儒学の普及のために招き、仁政理念を藩政に反映させた。

[5] 百体頭——仏事供養のため、観音や釈迦の像を百体造ること。

［6］竹中吉三郎――延宝末〜貞享四年（一六八七）年にかけて活躍した。京村山座の若女方で最も高給を得たという。図②（『おもはく哥合《うたあわせ》』国文学研究資料館蔵、クリエイティブ・コモンズ 表示 - 継承 4.0 (CC BY-SA 4.0) 国際 ライセンス）。

［7］藤田吉三郎――寛文年間（一六六一〜七三）〜宝永元年（一七〇四）にかけて活躍した。大阪大和屋の若女方で、西鶴は「藤つぼの花のゆかりか吉三郎」（『野郎立役舞台大鏡《やろうたちやくぶたいおおかがみ》』）と発句《ほっく》を残し、その美形を褒めたたえている。図③（『蓑張草《みのはりぐさ》』、『歌舞伎評判記集成』第一巻、岩波書店）。

［8］坊主頭の私――延宝三年（一六七五）冬には西鶴は髪を剃り、法体している。

［9］浅葱色の引っ返し――主に婦人が衣服の袖口や裾回しに表地と同じ布を用いること。

［10］鼠繻子――絹織物の一種で、織物の表面に縦糸だけか、横糸だけを浮かせたもの。表面はなめらかでつやがある。ここでは鼠色のそれ。

［11］中形模様――中くらいの大きさの型紙で型置きし、地染めをして模様を白く抜いたもの。主に浴衣に用いられるため浴衣の別称ともなっている。

［12］そもそも……働きを得た――田登仙《でんとうせん》編『本朝年代記』（貞享元年〈一六八四〉刊）に関連する記述がある。

［13］伝説――司馬遷『史記』巻五十六「陳丞相世家」に漢の高祖が匈奴《きょうど》王の冒頓《ぼくとつ》に囲まれたとき、陳平の奇計で難をのがれた話が載る。陳平は冒頓の后閼氏《えんし》の前で美しい人形を舞わせた。閼氏は人形を妓女と間違い、夫が長安に行けば自分への寵愛がなくなると考え、夫に進軍をとどまらせた。この逸話を指すか。

［14］千枚分銅――大判千枚に相当する分銅型の大金塊。豊臣氏が非常用として鋳造しはじめ、徳川幕府も何度かこれを作り緊急時に備えた。

図①

4

小山《こやま》の関守《せきもり》

誰が何と言おうと、辰弥は最高だ！

《あらすじ》

作者西鶴がお気に入りの若衆たちの話を書いた章。家康の命日である十七日は、芝居や音楽などが禁止されているので、役者たちも暇になって、藤井寺《ふじいでら》の本尊千手観音の開帳参詣にやってきた。西鶴は友人たちと一緒に若衆たちをとどめて酒宴をしたが、中でも上村辰弥《うえむらたつや》の美しさは際立っていた。最近の若衆は客と金で付き合うようになってしまったが、真心を示す心中立てのために、指を切ることはできないだろうと言われた辰弥は、実際に切ってみせたという。欲得ではないその意気地《いきじ》が、なんとも素晴らしい。誰が何と言おうと、辰弥は最高だ！　西鶴の辰弥「推し」がはっきりとわかる一章。

西国三十三ヵ所の観音の五番目にあたるのが、河内国藤井寺《かわちのくにふじいでら》▼注[1]である。その藤井寺観音の開帳にお参りしようと、天和三年四月のある日、重《しげ》という人が突然、私（＝作者西鶴）を誘いにやってきた。寝起きの顔を洗う隙《ひま》もなかったが、坊主頭であるよさは髪を結う手間もいらない気楽さだ。

駕籠《かご》を急がせて行くと、四天王寺《してんのうじ》あたりで五つ（午前八時）を告げる鐘の音が聞こえてきた。今日十七日は、東照大権現《ごんげん》徳川家康公のご命日にあたるので、四天王寺にある御霊屋《みたまや》の飾り付けは寂光浄土《じゃっこうじょうど》（天台宗で説く完全なる浄土）のようで、極楽への東門という門を通り過ぎて行く。今日一日は、日光ご法事▼注[2]ということでにぎやかな遊び事は禁止である。芝居も休みになるので、歌舞伎若衆も暇になる。

若衆たちは思い思いに着飾って出かけるが、衣裳法度《いしょうはっと》▼注[3]による着る物の規則をしっかりと守って、随分目立たないような服装をしている。しかし、見た目がよい上に満開の桜のような美しさは自然とあふれ出て、舞台に出るような子は髪の結い方でそれとわかってしまうものだ。

ようやく平野の里に着き、大念仏寺の御堂《みどう》で休んでいると、昨夜の約束通り森《もり》という男が、▼注[4]按摩《あんま》の休古《きゅうこ》を連れてやってきたので、一段と楽しみが増すことだ。それから春の名残の野原のさまざまな草花を踏み分けて歩いていく道も面白くて、ほどなく藤井寺に着いてお参りした。

帰り道に、小山という村の村人の家に泊めてもらうことにした。

「では、ここに関所《せきしょ》をこしらえて、今日藤井寺にお参りした歌舞伎若衆を、一人残らずとどめて酒盛りしよう」

と言い出して、軒端《のきば》に設けた番屋に毛氈《もうせん》（赤い布）を敷かせて、「色にとめる酒林《さかばやし》（美しい若衆を止めて、美少年でいっぱいの酒盛り場）」という札を立てた。立役の源右衛門《げんえもん》▼注[5]を目付役《めつけやく》として、即興で三味線を弾きながら「まだか、まだか」と歌舞伎若衆が通るのを待っていた。

そうしているところに、沢村小伝次《さわむらこでんじ》▼注[6]がやってきたので、この様子でおかしがらせて笑わせた。竹中半三郎《たけなかはんざぶろう》▼注[7]には無理やり酒を酌み交わさせ、小松才三郎《こまつさいざぶろう》▼注[8]には別れを残念がらせ、病気で沈んでいる尾上源太郎《おのえげんたろう》▼注[9]をうきうきとさせたりした。若衆たちはかれこれ十六人、日も暮れ方になるまで長く座敷で遊んでいたが、一斉にばらりと立ち帰った跡は、元の淋しい田舎の家となる。

牛は黒い、木綿は白いと決まっているが、人の顔が酒の酔いで赤くなっているのは、ちょうど沈む太陽の西日の赤さと競うようだった。そうやって引き上げていく役者の中に、兄弟の女《おんな》方《がた》がいた。二人は一行と別れて、兄の上村吉弥《うえむらきちや》▼注[10]は堺へ、弟の**上村辰弥**《たつや》▼注[11]は大阪へ帰っていく。その道中に茶屋を出している農夫でも、

「今朝から見た若衆の中で、特別に美しいこの子は、きっと上村辰弥であろう」

と、名をいい当てたのも当たり前なことだ。よいものは人もよく知っているものだと、抜かりない最上商人▼注[12]も商売人ならではの感覚で、

「買い物をするときはどんなときでも心配なものだ。しかし、この子だけは買って確実に儲かるものだ。見積もりに間違いはないな。買ってしまえ、買ってしまおう」

と大笑いして、心に恋が芽生えたのだ。辰弥が買って遊べる歌舞伎若衆でないならば、焦がれ死にする人は続々と出ることだろう。

同じ勤めをする若衆の中でも、気持ちの持ち方はひどく違っているものだ。親方のためだからと、うかうかと客に身を任せる若衆もいる。また、

「このようなその場限りの恋であっても、私を思ってくださるお心は、並々ならぬお気遣いでしょう」

といって客を粗略に扱わない若衆は、優しい心がけだ。

頼まれたからといって、親類にも貸さないのが金銭というものだ。勤めする若衆も、昔は情《じょう》が深かったが、いつのころからか遊郭《ゆうかく》の女のようになってしまった。好きな相手は別として、金になる大臣客と安上がりの連れ込み宿でこっそりと会ったり、客が酔ったのを見計らっても

のをねだったりする。間もなく遊郭のように、紋日《もんび》という約束の日を作って、八月十二日は三《み》津寺《でら》薬師の縁日、十五日は三津寺八幡の例祭、毎月十八日は新清水観音の役日だと決めて、毎月面倒なことになるだろう。

遊女も若衆も流行っている者に逢うのがよいという。同じ金を払うならば、何かにつけてよいはずだからだ。勤めをする遊女や若衆について、あれこれ言うのは情け知らずというものであろう。それにしても、よくこういう勤めができるものだ。一匹の蚊に食われても、わずかなとげが刺さっても、人は自分の体について気にかかるものなのだ。それが、義理のためか欲のためかどちらにせよ、数が決まっていてそれぞれに役目のある指を、よくも客に切ってやるものだと思うと哀れでならない。昔の中国には、自分の血を絞って酒を作って商売をしたという伝説もあるという。

それではないが、酒屋である客と深い仲になった山本左源太《やまもとさげんた》▼注[13]が、思いのあまり真心を表すために指を切ったことを、世間ではよいことだといって今でも有名である。この左源太は、名女方として名高い右近源左衛門《うこんげんざえもん》▼注[14]の元にいたときから情け深く、落ちぶれて姿を隠した昔の客を探して、普通ではできないようなことをしたということだ。それを見た人は感動して涙をこぼし、聞いて褒めない人はいなかった。勤めの若衆もこのようなこともあるので、頼りになるものだ。このような世間の噂は絶えることがない。

上村辰弥は、初めての客との出会いの席で、座もしめっぽくて盃の回りも遅く酒も進まず、

輿に乗らないときにこんなことがあった。誰が言うともなく、

「役にも立たない心中立てをした話を聞くが、そう簡単には指を切ることはできないだろう」

と何気なく言った。それを辰弥が聞いて、

「私たちは、事と次第によっては真心を示すために命でも捨てます。まして、指を切ることなどは、それほど驚くことでもありません」

と笑いながら言った。その場の戯《ざ》れ事《ごと》なので、その場にいた人々は気に留めることもなく、小歌を歌い出した。

するとあ、辰弥がすっと立ったかと思うと、脇差《わきざし》を抜き、箱枕《はこまくら》に親指を押し当てて、音もさせずに押し切った。そのまま落ち着いて、指の手当をして、

「これを座の話題にどうぞ」

と、切った指を投げ出した。

座の人々は、「これはなんと」とびっくりして青ざめ、後のことなどを心配していると、辰弥はいつもよりも機嫌よくはしゃいで遊びだし、扇引きなどを楽しんだ。それにしても、落ち着いた振る舞いであると、言葉にはしないが、人々は大変感心したものだ。

このことを考えてみると、この辰弥の行為はまったく欲からではない。無分別なことをしたという人は放っておこう。よくもまあ、こんなことができるものかと思うにつけても、深く心に刻まれることだ。辰弥は古今の若衆の中で絶対的な花形、すべての人が恋い慕うものだ。そ

れにしても、この人は前世でどういう種を蒔いて、今こうして花を咲かせているのだろうか、わからないものだ。

▼注

［1］藤井寺――現在の大阪府藤井寺市にある真言宗の葛井寺《ふじい》。西鶴が開帳参詣したのは天和三年（一六八三）四月十七日。

［2］日光ご法事――日光東照宮に東照大権現として祀《まつ》られている家康の法要。

［3］衣裳法度――天和三年に出されたぜいたくな衣装を禁止する法律。金糸《きんし》や刺繍《ししゅう》・惣鹿子《そうがのこ》（絞り）の販売が禁止された。

［4］森という男――『好色一代男《こうしょくいちだいおとこ》』や『好色盛衰記《こうしょくせいすいき》』などにも登場する大阪の遊び人。

［5］源右衛門――竜井源右衛門か、未詳。

［6］沢村小伝次――巻7の5注［5］参照。

［7］竹中半三郎――『難波《なにわ》の皃《かお》は伊勢《いせ》の白粉《おしろい》』巻三にも登場する若衆方役者。芸よりも色を売る子だったようだが、重傷の身で物語する手負いの所作がうまいとも評されている。図①（『難波の皃は伊勢の白粉』、『歌舞伎評判記集成』第一巻、岩波書店）。

［8］小松才三郎――未詳。

［9］尾上源太郎――巻7の3注［10］参照。

［10］上村吉弥――巻6の5注［11］参照。

［11］上村辰弥――巻7の5注［8］参照。

［12］最上商人――現在の山形県の北東部の商人。紅花の交易などを扱う。

［13］山本左源太――巻7の3注［12］参照。

［14］右近源左衛門――巻6の4注［4］参照。

図①

5　心を染めし香の図《ず》は誰《たれ》

たとえ美女でも女は女　うっかり見たら目を洗え　それが男の生きる道

《あらすじ》

歌舞伎若衆を育成するのは、実はけっこう難しい。田舎の少年を美若衆に変身させたところで、舞台に立てるほどの役者にするのは大変なことだ。筋がよくても病気で死ぬなど、何かとハイリスクな商売である。そうした若衆の育成に尽力している役者、大和屋甚兵衛《やまとやじんべえ》を誘って、ある日、私（＝作者西鶴）は勝尾寺《かちおじ》まではるばる遠出《とおで》をした。道中で、洗練の極みといった装いの美女とすれ違う。甚兵衛の紋まで付けた熱烈なファンだ。その後、勝尾寺でまたもや出くわしたが、甚兵衛を見つめるその娘の視線がうるさくてかなわない。我々一行は、下山してから俳人の庵で俳諧を執《と》り行い、美酒のもてなしを受けて楽しく過ごしたのだったが、帰り道になって、再び女のことが思い出されてきた。いまいましいので天満川《てんまがわ》で禊《みそ》ぎをし、穢《けが》れた目を清めてから道頓堀《どうとんぼり》に帰った。とにかく女色《じょしょく》は嫌だ。衆道は、日本だけでなく、広くインドや中国にも存在する。願うことなら、これが世の中のスタンダードたらんことを。

「揚子江《ようすこう》の南に生えている橘《たちばな》（生食用みかん）を揚子江の北に植えると、たちまち枳《からたち》（食用に向かないみかん）になる」▼注[1]という表現が漢籍にある。そりゃそうだ。この日本にもそういう例がある。大阪の江北（淀川の北）に生まれた、赤茶けた髪の少年であっても、江南（淀川の南）、つまり、道頓堀《どうとんぼり》の草履《ぞうり》取りの手に掛ければ、間もなくつやっつやの若衆髪ができあがるというもので、あの小僧がこんな美少年になるとは、と思うほどに姿が変わるものだ。人というのは、作り立てるほどに魅力が増すのである。「いずれの若衆も悪くないね」というと、「でも本当の美少年は稀《まれ》さ」という人がいる。太夫元《たゆうもと》▼注[2]をはじめとして、役者仲間の間でも、何人も若衆を引き取って育ててはいるが、その行く末を見てみると、現在の舞台に上がれるほどの実力に達した者は千人に一人だ。容姿が美しくても心が鈍《にぶ》かったり、あるいは、賢《かしこ》すぎて芸ができなかったりして、芸・姿・心の三拍子揃った者はなかなかおらず、抱《かか》え主《ぬし》に損害を与える者が数知れない。これは必ず役者として大成するぞと思っていると病気になるという具合で、これがこの稼業《かぎょう》の危ないところだ。

若衆を育てるこうした苦労を思うにつけても、役者遊びに使う金銀は、何の惜しいことがあろうか。いってみれば、寿命を延ばすための薬代のようなものだ。薬袋には「煎《せん》じよう常のごとし」と書いてあるのが定番だが、若衆の薬は「煎じよう常とは格別に変わる」というもので、特別なものなのだ。姿は若衆であっても、心根はそのまま女性といってもいいくらいで、厳《いか》めしいところはなく、話していて飽きることがない。昔は衆道というと、荒っぽく力《りき》んで、言葉も刺々《とげとげ》しい感じにし、大柄の雄々しい若衆を好んで、体に疵《きず》を入れて相手への思いのほどを示すのが、この道ならではの作法であった。そうした風習が伝わり、歌舞伎若衆まで刃物を取り出すようなこともあるのだが、そうしたことはいうまでもなく無用のことだ。今は、山王祭《さんのう》▼注[3]でさえ、血を見ることなく神輿《みこし》が渡っている。武士にしても甲冑《かっちゅう》などいらないご時世であるので、ましてや役者遊びの座敷へは、果物用の刃物さえも出さない方がよいくらいだ。西瓜《すいか》にしても、台所で切り分けて皿に盛って出せば済むことだ。とにかく弱々しい感じでいるのが、今風の若衆というものだ。江戸で役者に小紫《こむらさき》と名を付け、京都でかをると名づけているが、遊女と同じ呼び名であるのも、もの柔らかな感じがして聞きやすい。

袖嶋市弥《そでしまいちや》、川嶋数馬《かわしまかずま》、桜山林之助《さくらやまりんのすけ》▼注[4]、袖岡今政之助《そでおかいままさのすけ》▼注[5]、三枝歌仙《みつえかせん》▼注[6]（いずれも若衆）など、美しい姿形である上に、女のように紅の腰巻きを身にまとっているのは、色っぽくてしおらしい感じである。夜が明けると芝居小屋に入り、暮れると楽屋に帰るという若衆の姿を、役者買いをしない人たちも大勢詰め掛けて見ているので、役者の紋所と名前を自然と覚えるのである。その一方で、いい役者であっても、鈴木平左衛門《すずきへいざえもん》、山下半左衛門《やましたはんざえもん》、内記彦左衛門《ないきひこざえもん》、竹島幸左衛門《たけしまこうざえもん》（いずれも立役）などが帰るときには、さほど気をつけて見る人もいない。木綿地のどてらを着て、薬鍋《くすりなべ》を提げた修行中の少年であっても、二つ折りの若衆髪に結ってあるのを見て、早くも人々は目をつけるのである。特に結婚している女性や、一家のおかみさんといった様子の人までも、千日寺《せんにちでら》（法善寺《ほうぜんじ》）▼注[7]のあたりに群がっていて、かなわぬ恋であるからこそ、ますます夢中になるのだ。

先日、作者《わたくし》は勝尾寺《かちおじ》▼注[8]の御開帳（秘仏など特定の日に一般公開する行事）に**大和屋甚兵衛**《やまとやじんべえ》▼注[9]を誘って参詣したことがあった。中津川（長柄川）を船で渡り、北中島の中島惣社《なかじまそうしゃ》▼注[10]の森陰に駕籠《かご》を止めて、「煙草《たばこ》だ、茶だ」などといってしばらく休んでいると、後ろから、まだ十五か、せいぜい十六歳ぐらいの美しい娘がやってきた。黒繻子《くろじゅす》（黒色のなめらかな絹地）の大振袖《おおふりそで》に宝尽《づ》くし▼注[11]の紋様を縫いつけ、帯は白綸子《しろりんず》▼注[12]に燕《つばめ》を刺繍《ししゅう》して、その上に紫の糸で網をかけ、物好きにも後ろ結び▼注[13]にしている。水色の絹足袋《きぬたび》にばら緒（細い緒をより合わせた鼻緒）のわら草履《ぞうり》を履《は》き、緋《ひ》色の紗綾《さや》紋様の腰巻きが歩くたびチラチラとして、髪は普通より低い位置を、先端が跳ねている元結《もとゆい》で結び、透かし彫りの入った櫛《くし》を挿《さ》し、金銀を延べ打ちにした髪飾りを付け、浅葱色に金糸を織り込んだ布地を裏地に用いた菅笠《すげがさ》をかぶり、紐《ひも》は書き損じの紙を縒《よ》ったものが付けてある。着ているものの一つ一つに悪い趣味のものがなくて、生まれつきの素顔まで、すべて文句なしである。娘の左には、科負比丘尼《とがおいびくに》▼注[14]が付き、右には乳母《うば》らしい人が寄り添って、腰元や中居の女までも皆華やかに振る舞い、駕籠《かご》を従え、行列の最後に五十過ぎの親仁と、若い男が大脇差《わきざし》を差して付き従っている。町人と見える。

　その娘は、それまでなんということもなく歩いてきたのに、甚兵衛を一目見るなり、ポッと顔を上気させ、袖をひ

図②　大和屋甚兵衛（注９参照）

らりと返してみせた。そこに甚兵衛の紋所、香の図▼注[15]の紋が染め込んであるのがありありと見えたのは、もののはずみといったものではないだろう。それからというもの、娘はのぼせ上がって足も立たないようになったので、西宮夷社《にしのみやえびすしゃ》▼注[16]のある里から駕籠に乗せられて行き、美しい姿は見えなくなって別れた。また、縁があったのか、勝尾寺で再び娘に会った。恋い焦がれる思いを目元に浮かべて、跡をついてくる。寺の宝物の縁起について言葉巧みに法師が解説している横で、「蜂が馬の角《つの》を刺したからって、どうだというの。牛の玉が割れたって、勝手にしたら。天から降りてきた仏様もありがたくなんかないわ。だって、私にはあの人だけなんだもの」とでも言いたそうな感じで、甚兵衛の顔をありがたそうに見つめている女の顔つきを見ると、かなわぬ恋であるだけに気の毒に思われる。とはいえ、この女を女房に持つ男の身になったら、こんなのは嫌なものだ。

　これが衆道ならば、命懸けでも恋をかなえてやるところだが、ぼくらはみんな女嫌いの道楽者だから、こんなことはなんとも思わないで下向して、その夜は、前に紅葉を見に来た桜塚の落月庵▼注[17]にて、折り目正しく俳諧を執《と》り行った。▼注[18]伊丹《いたみ》や鴻池《こうのいけ》の銘酒でもてなしを受けた席で「この里にも時折旅回りの陰間《かげま》（売色の若衆）がやってきますよ」という話を聞いたあたりで座もしらけてきたので引き上げてきた。帰り道、甚兵衛に色目を使った女とすれ違ったことをうっとうしく思ったので、天満川《てんまがわ》▼注[19]で禊《みそ》▼注[20]ぎをして、女を見た目を洗い流してから道頓堀に帰った。明けて次の日は、恋の芝居のはじまりから終わりまで、衆道以外の噂話をするのも嫌だった。

この道は決して私個人の趣味というものではなくて、インド、中国、日本三国において心を慰めるものとされているものである。インドで「非道」と呼ばれているのは、「道」でありながら「道じゃない」という名前になっていておかしいものだ。中国では「狎《あ》甎《せん》（レンガに戯れる）」といい、我が国では「衆道」といって、大変に盛んである。女色があるから愚かな人の種が尽きないのだ。願うことなら、若衆道だけを人と人の契りのあるべき姿として、女を滅ぼして男島と改めたいものだ。そうすれば、夫婦喧嘩《げんか》も収まるし、女性の焼きもちもなくなるわけで、なんとも静かな世の中、これで万事めでたしめでたしというわけである。

男色大鑑　第八巻　終

貞享《じょうきょう》四丁卯《ひのとう》年正月吉日
　大坂伏見呉服町淀屋橋筋
書林　深江《ふかえ》屋太郎兵衛▼注[21]　板
京二条通　山崎屋市兵衛　行

▼注
［1］揚子江の……になる――「橘化為レ枳《きつかしてきとなる》」。境遇によって性質の変わることの喩《たと》え。『周礼《しゅらい》』（中国の経書《けいしょ》）や『晏《あん》

子春秋《ししゅんじゅう》』（中国、春秋時代の晏嬰《あんえい》の言行録）などに由来する表現。

［2］太夫元――巻5の5注［3］参照。本章で太夫元の話が出てくるのは、本章で中心的な話題として採り上げられる大和屋甚兵衛が役者と太夫元を兼ねているためであろう。

［3］山王祭――近江国《おうみのくに》（現在の滋賀県）にある山王権現（現在の日吉大社）の祭礼。特に「午の神事」と呼ばれる神輿渡御《みこしとぎょ》が勇壮で、しばしば血を見たとされる。江戸の山王大権現（現在の赤坂山王日枝神社《ひえじんじゃ》）の山王祭も喧嘩祭りで知られるが、ここで江戸の話題を出すことの唐突感はいなめず、上方に近い近江の祭りと解釈しておく。

［4］桜山林之助――巻6の5注［10］参照。

［5］袖岡今政之助――巻6の2注［9］参照。

［6］三枝歌仙――巻7の5注［30］参照。

［7］千日寺――巻5の2注［13］参照。

［8］勝尾寺――現在は「かつおじ」と読み、大阪府箕面市《みのおし》勝尾寺にある。応頂山《おうちょうざん》と号し、高野山《こうやさん》真言宗。本尊は十一面観音で西国霊場第二十三番札所。聖の聖地として『梁塵秘抄《りょうじんひしょう》』で箕面寺と並んで歌われている。図①（『摂津名所図会』巻之五、国立国会図書館デジタルコレクション）。大阪から勝尾寺までは六里（二十四キロ）の道のりである（貞享四年〈一六八七〉刊『新撰増補大坂大絵図』）。

［9］大和屋甚兵衛――大和屋甚兵衛座で、座元を兼ねた立役の二代目甚兵衛は、初名鶴川辰之助。若衆方を勤めたのち、延宝五年（一六七七）頃大阪にて大和屋甚兵衛を襲名し、太夫元（興行責任者）の櫓主（興行権所有者）でありつつ、立役の役者も勤めた。西鶴の俳諧の弟子で、『西鶴大矢数』に鶴川生重の名で大矢数役人として参加、余興第四十六に出座している。男ぶりがさほどいいわけではないのに女性にもてる、と評判記に記されている。図②（『古今四場居色競《ここんしばいいろくらべ》百人一首』東京大学総合図書館蔵）。

［10］中島惣社――中津川《なかつがわ》（長良川《ながらがわ》、もと淀川《よどがわ》下流の分流の一つ）と神崎川《かんざきがわ》の間に位置する北中島にある。旧郷社《ごうしゃ》。現在の住所は大阪市東淀川区。図③道中で娘と出会う場面（本章挿絵）。

［11］宝尽くし――如意宝珠《にょいほうじゅ》（＝一切の願いを成就させてくれるたま）、宝鑰《ほうやく》（宝の鍵）、打出の小槌《こづち》（振れば何でも思うままに出せる小さな槌）、金嚢《きんのう》（＝財布）、隠蓑《かくれみの》（着ると身を隠すことができるという蓑。鬼や天狗の宝物）、

隠笠《かくれがさ》（隠蓑と同様に身を隠せる笠）などの宝物の形を描いたもの。ただし、挿絵ではこの紋様は描かれていない。

[12] 白綸子――白色の、厚地で光沢のある絹織物。婚礼衣装の白無垢などに用いる。

[13] 物好きにも後ろ結び――帯を前に結ぶのが、遊女などの伊達な結び方として流行っていたものを（元禄五年〈一六九二〉刊『女重宝記《おんなちょうほうき》』一之巻より、長友千代治校注『元禄若者心得集　女重宝記・男重宝記』社会思想社）、あえて後ろ結びにして個性を出したということ。

[14] 科負比丘尼――良家の妻女や娘などに付き添って、その過失の責めを代わりに負った比丘尼（＝尼）。

[15] 香の図――源氏物語香の図を文様化したもの。図④。

[16] 西宮夷社――西宮神社。全国えびす神の総本社として名高い。兵庫県西宮市社家町。西宮から西国街道（山崎街道）を北上して勝尾寺へと向かったのであろう。

[17] 桜塚の落月庵――水田西吟《みずたさいぎん》の庵。西吟は、西山宗因《にしやまそういん》（西鶴の師）に俳諧を学び、西鶴と親交を深めた。延宝五、六年頃（一六七七、七八）に大阪を去って桜塚（大阪府豊中市）に移り、庭に桜と躑躅《つつじ》を植えて楽しんだ。勝尾寺からの帰り道、往路で経由した西宮ではなく、桜塚に出たのである。

[18] 折り目正しく俳諧を執り行った――式目《しきもく》を守って連句《れんく》を巻いたということ。西鶴はその座を取り仕切る立場にあった。

[19] 天満川――大阪を流れる淀川の、天満橋のあたりから下流の名（大阪図、238ページ参照）。

[20] 禊ぎ――身に罪または穢れがあるとき、河原などで身を洗い清め、穢れを落とすこと。いざなぎが亡き妻いざなみを黄泉の国に訪ねたが、汚いものを見てしまい、そこから逃げ帰った後で行ったのが禊ぎの最初という。本作品は、神話世界のパロディから語り起こし、末尾において、再び神話世界につながる禊ぎの仕草のパロディで語り終えているのである。

[21] 深江屋太郎兵衛――深江屋、山崎屋は大阪と京都の出版書店。深江屋が出版の権利と責任を持つ版元で、山崎屋が販売取次店であろう。深江屋は『男色大鑑』以外の西鶴作品では、『西鶴大矢数』など、俳諧関係の作品を多く出版している。

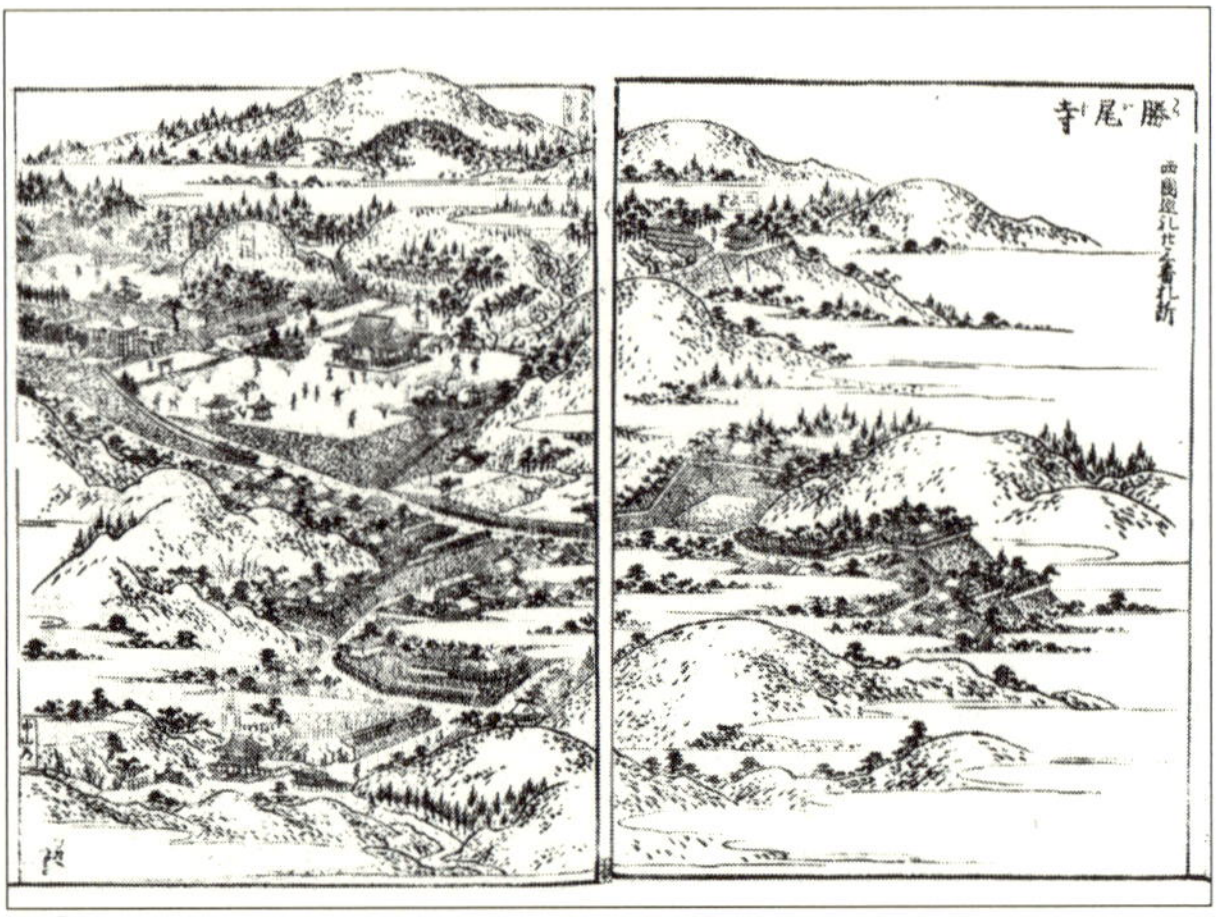

図①

図③

図④

解説1

西鶴の推《お》し若衆《わかしゅ》ナンバーワン上村辰弥《うえむらたつや》……早川由美

一　辰弥はよい子

『男色大鑑』後半の歌舞伎若衆編には、一〇〇名ほど役者の名前があがっています。その中で西鶴が最も贔屓《ひいき》にしていたのが、巻七の五、巻八の四に登場する上村辰弥《うえむらたつや》という若女方の役者です。

西鶴は、大阪の医師真野長澄《まのますみ》に送った個人的な手紙の中で「人は何ともいへ、たつや能子《よいこ》にて候」（貞享五年〈一六八八〉三月）と書くだけでなく、前年刊行の『男色大鑑』巻八の四の目録題にも「上村辰弥よい子に極まる事」と記すように、辰弥に対する絶対的な「推《お》し」を表明しています。

辰弥のどんなところが、西鶴の「推し」ポイントになったのでしょうか？

まずは『男色大鑑』巻八の四に書かれたことをまとめてみましょう。第一のポイントは、美しい若衆だったということです。田舎人でも辰弥の美しさは一目でわかることや、恋い焦がれ

上村辰弥（稀書複製会編『難波立聞昔語』米山堂、1919年より）

る人が多くて、金で買えない若衆だったら恋死にする人がたくさん出ただろうといっています。
続いては、金で買える若衆というものについての一般論。簡単に客と寝る子もいるし、一夜限りの客であっても自分を恋い慕ってくれるような相手を思いやる優しい心をもった子もいる。では、辰弥はどうなのかと話を続けていきます。なじみのない客との盛り上がらない宴会の席で、ある人から「真心を示すために指を切るとはいうが、そんなことは無理だろう」といわれると、辰弥は「必要ならば切ってみせる」といって本当に指を切ってしまったというエピソードを紹介しています。
辰弥は金銭のため損得で指は切らないけれど、衆道の意気地《いきじ》のためなら切ってみせる。それを無分別だという人もいるが、そういうところが「尊い」と西鶴は思っているようです。
さて、江戸時代には「役者評判記」というものが毎年のように出版され、歌舞伎役者の格付け、出演劇場、出演題目、芸評などが書かれています。西鶴も『難波《なにわ》の皃《かお》は伊勢《いせ》の白粉《おしろい》』という役者評判記を書いていて、その中の辰弥評は、「殿様ご寵愛《ちょうあい》の若衆を思わせる高価な伽羅《きゃら》の香りに包まれた黒髪を整え、金箔《きんぱく》を置いた衣裳を着た姿は衣通姫《そとおりひめ》のように輝き、舞はあの静《しずか》御前《ごぜん》を思い出させる」と伝説の美女と並べています。やっぱり、超美少年だったのでしょう。

「小野小町《おののこまち》に似ていると文句をいう人がいるが、美しいが男を振り続けた小町と同じように辰弥に振られた男の言葉だろう。辰弥のすらりとした立ち姿、その美しい目で見つめられると、客たちは『思いがかなわないなら、いっそ殺してくれ！』と叫ぶ。カーテンコールの声もやまない人気ぶりはいついつまでも……」と書いてあり、辰弥の美しさも舞の腕前も手放しの褒めようです。

二　時代の求める芸風とは

ところが、辰弥はこれまでの注釈書であまりよい評価が書かれていません。この西鶴の評価はえこひいきなのでしょうか？

貞享三年（一六八六）、元禄五年（一六九二）に出された四種類の評判記の中から辰弥評を抜き出してみましょう。よい点としては、

1　美しく笑顔がよく、見るからにテキパキしている。
2　裾《すそ》さばきが危なげでちょっとエロティック。
3　舞が上手で、扇の使い方がうまい。

悪いところとしては、

1　軽い感じがする芸風で、上品な役には向かない。
2　悲しい場面で泣かせるような芝居ができない。

この辰弥のよい点と悪い点は実は裏表なのです。よい点1の見るからに「テキパキ」というのは、お姫様役よりは町娘のような感じがして上品な役には不向きでしょう。また笑顔がよすぎて、悲しい場面でも「泣くようで笑っている」ように見えてしまう。ラブシーンもしっとりとした感じにはならないようです。よい点の2は「ほかの役者の裾さばきが危なげだとがっかりすることが多いが、辰弥の場合は見物客がドキドキした」と書かれていて、後の浮世絵で女性の裾から白い足がちらりと見えるだけの「危な絵」のようなエロティシズムが感じられます。「ちらっと見えそうでドキドキ」では、しっとりとした上品な色っぽさにはつながりません。

これをまとめると、辰弥はセレブな役柄には向かないし、悲劇のヒロインも似合わない。それでも、きれいで輝くような笑顔がステキ！　明るい元気な女のコ役とダンスが上手な、ちょっとアブなげでエロっぽい美少年だったと思われます。

では、どうして辰弥の芸風の評価が低いのでしょうか。

『男色大鑑』が書かれた時代は、見た目重視で舞を中心としていた若衆歌舞伎の芸風から、野郎歌舞伎になって演技力が重視されるようになってきていたころです。辰弥の兄である上村吉弥《きちや》は、女方としての評価が辰弥よりずっと上で、同じ評判記の中で「悲しい場面のセリフがうまくて、人を泣かせる芝居が得意」と書かれています。『男色大鑑』のほかの役者でも、評判の高い岡田左馬之助《おかださまのすけ》は「ラブシーンのセリフがしっとりとしている」といわれ、辰弥同様に軽い感じの芸風といわれる袖岡政之助《そでおかまさのすけ》も「悲しいシーンでセリフをいいながら泣くときは、しみじみと切なくなる」と辰弥とは逆に高得点です。つまり、悲しい場面で人を泣かせ、ラブシーンもコメディよりもシリアスな方の評価が高くなっていることがわかります。

観客の好みが変わり、見た目がキラキラしているだけではなく、感動させて泣かせる演技が役者に求められてきていました。辰弥はそうした悲劇的な芝居ではなく、それ以前の「茶屋遊び」のような明るいラブコメ風芝居が合う役者だったのではないでしょうか。

時代の好みが変わっていく中で、辰弥の美しさは取り上げられても、芸に対する評判がそれほど高くないのは仕方がないかもしれません。

三　辰弥の生い立ち

さらに辰弥については、その生い立ちや酒乱であったという評判が書かれています。

十一歳になるまでは大阪の町で紙屑買《かみくずか》いをする貧しい家の出であったことや、楽屋で酒を飲んで舞台に立つことがあり、時には演技に支障も出ていたというのです。さらに、酒の席では酔っ払って正体もなくなることもあり、酔わせて思い通りにしよう（これは現代では犯罪です！）と考える客もいたとか。どうもアルコール依存の気があると思われているようです。

西鶴の評判記『難波の良は伊勢の白粉』では、辰弥を酔わせて思い通りにしようという大臣客が、酒をひたすら飲ませているうちに、まずいことになることがあったようです。原文では「壱尺八寸《いちしゃくはっすん》候ひしいか物作りを、するりとぬいて追れし大尽《だいじん》、此難波津に数多し」と書かれています。この部分は大臣か辰弥のどちらかが脇差《わきざし》の刀を抜いて相手を追いかけたという物騒な解釈をされています。つまり、辰弥の酒乱ぶりを示すものと考えられているのです。

しかし、本当にそうでしょうか？　西鶴が一番「推し」の辰弥について悪い評判を書くとは思えません。

ここでいう「いか物作りをするりと抜いて」とは、幸若舞《こうわかまい》という舞曲の中の打ち合いや合戦の場面でよく出てくる表現です。「いか物作り」とは「厳物造り《いかもの》」という凝った外装の立派な刀のことです。軍場《いくさば》では三尺八寸《さんじゃくはっすん》（一二〇センチほど）の太刀を抜くのですが、ここは戦場ではなく酒席、抜くのも一尺八寸（六十センチほど）の脇差サイズとありますが、本当に酒の場に大臣や辰弥が時代錯誤的な外装の脇差を持ってきて、抜いたのでしょうか？　辰弥に酒を飲ませていた大臣客は、酔った後で「やりたい放題」と考えていたわけですから、刃傷沙汰ではなく、床の上で一合戦しようという思惑で、自分の厳物作りの一物《いちもつ》を抜いて追いかけたと読むこともできそうです。

こうやって追いかけた大臣客が大阪にはたくさんいたようですが、ここまでの乱れはめったにはなかったと書かれていますから、思い通りにはなかなか事は進まなかったようです。巻七の三の戸川早之丞《とがわはやのじょう》は、酔ったふりをして金になる客を振って念者に心中立てをしています。辰弥の酔いも、客に簡単に身を任せないための手段であったのかもしれません。

とはいえ、辰弥の給金は一三〇両、今でいうと一千万円ほど、世間の評判もよく西鶴のいう通り、親方に損はかけていないのです。

四　西鶴の好み

辰弥の育ちの貧しさを述べた評判記（『難波《なにわ》立聞《たちぎき》昔語《むかしばなし》』貞享三年十一月）では、役者となった今はそんな生活をしていた者とは思えないとして、印伝《いんでん》の革巾着《かわきんちゃく》、印籠《いんろう》には対《つい》の珊瑚樹《さんごじゅ》をつけ、洒落た衣装を着たきれいな姿であるとしています。今風にいうならば、オシャレな私服にブランド物のお財布やポーチを持っているという感じでしょうか。この評判記の筆者は、辰弥はお金のかかるファッションをしているけれど、呉服屋の支払いがきちんとできているかわからないと少し嫌みもいっています。

二代目辰弥が出てくることや、「この世を恨んで、あの世への旅役者となった」と書かれた評判記があることから、西鶴好みの初代辰弥は元禄五年までに自殺したと思われます。『男色大鑑』が刊行されたときには、まだ辰弥は現役の人気役者でした。しかし、この先、呉服屋の支払いの問題や酒の席での客への対応を考えると、「戸川早之丞」（巻七の三「袖《そで》も通さぬ形見《かたみ》の衣」参照）のように金に困ってしまったのでしょうか。

上村辰弥は、一夜限りの客であっても情けをかける優しさを持ちながらも、金になる客であっても簡単に身を任すことはしない。貧乏人の子だったと陰口をいわれながらも、それを感じさせないぜいたくな美しい衣装を着ていた。笑顔がよい美しい役者で、明るく軽やかな舞振りや芸風であったとまとめることができるでしょう。

辰弥を褒めた手紙の中で、西鶴は最近の俳諧の傾向が面白くないともいっています。西鶴が属していた談林《だんりん》風の俳諧も行き詰まりを見せ、俳諧の世界も変わろうとしていました。西鶴が得意としていた矢数俳諧《やかずはいかい》の機知《きち》や遊び心あふれた都会的な句から、もっと平淡《へいたん》でわかりやすくしみじみとした句へと変わっていきます。時代全体も元禄までの活気にあふれた拡大経済から、さまざまなひずみが生まれて緊縮経済へと変わっていきます。西鶴にとっては面白くない時代になっていくのです。

辰弥は美しさと舞の手で評価されていた古い女方の流れにある役者であり、経済的破綻が予感されるような衣装のぜいたくぶりも、悲劇が似合わないほどの明るい芸風もすべて西鶴が愛した時代、その好みに合致したのではないかと思われるのです。

西鶴も元禄六年に亡くなります。あの世とやらで再び辰弥の美しい舞姿を見ることができたのではないでしょうか。

解説2

若衆を知らずして歌舞伎を語るなかれ

——歌舞伎の歴史と若衆——

……染谷智幸

一　阿国歌舞伎は倒錯のオンパレード

歌舞伎の元祖が、出雲の阿国《おくに》だということはよく知られています。しかし、その阿国が繰り広げた最初の歌舞伎が▼注[1]、一体どんなものだったか、知っている人は意外と少ないようです。それを一言でいうならば、〈倒錯のオンパレード〉、もしくは〈ダンシング・キッチュ（俗悪）〉となりましょうか。

阿国については、実はよくわからない点も多いのですが、江戸初期の文献や絵画からおよその類推が可能です。阿国の歌舞伎踊りが歴史に登場したのは、安土桃山時代から江戸時代に移る境目、ちょうど西暦一六〇〇年頃のことです。その実態について、遊女・遊郭の百科事典ともいうべき『色道大鏡』（藤本箕山著、巻第一「名目抄」一六七八年成稿）に次のようにあります。

出雲巫《いづもみこ》といふもの、京に来り、僧衣《そうゑ》を着て鉦《どら》をうち、念仏踊《ねんぶつをどり》といふことをせしに、其後、男の装束《しやうぞく》し、刀を横へ、歌舞を尽せり。俗に是を、歌舞妓といひしなり。

（出雲の巫女と名乗る者が、京都へ来ると、僧侶の衣を着て、鉦を打ち、念仏踊りということをした。その後、男の格好をして刀を差し、舞い踊りをしたのである。俗にこれを歌舞伎というのである）

すなわち、出雲から来た巫女（阿国）が、本来は巫女、つまり神道なのに、仏僧の格好をして鉦《かね》を叩いて踊ったということなのです。さらに『歌舞伎図巻』（図①）等によれば、胸にクルス（十字架）をしてますから、世界の宗教がごちゃ混ぜになっていたことがわかります。

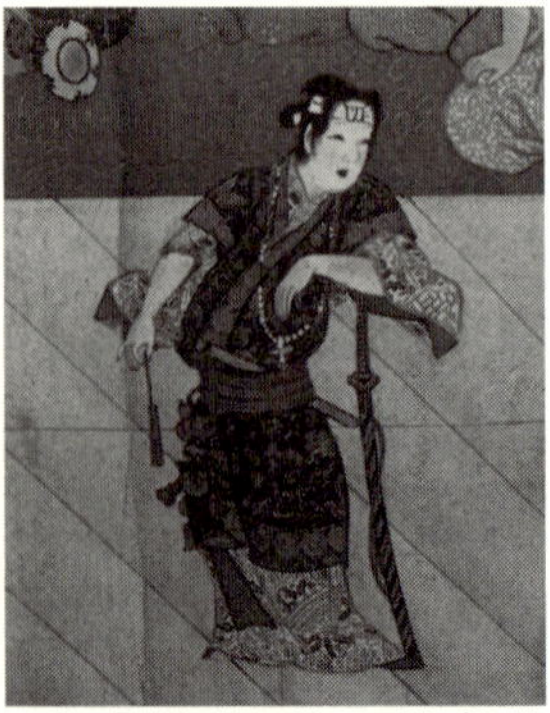

図①　『歌舞伎図巻』下巻（河竹繁俊ほか編、東京中日新聞出版局、1964年）

拡大図

二　受け継がれる歌舞伎のDNA

加えて、刀を差すなど男の装いをしていたとも書いてあります（『歌舞伎図巻』でも、そう描かれています）。ほかの文献によれば、阿国は、舞台で男装（当時有名なかぶき者、名古屋山三郎に扮したといわれます）して、茶屋（遊里）に客として乗り込み、女装をして遊女に扮した男性（阿国の夫といわれます）にしなだれかかって、性的な濡れ場を演じたといわれます。すなわち阿国は、宗教も性も完全に倒錯した世界を作り上げていたのです。

歌舞伎の歴史を振り返るとき、元祖の阿国がこうした舞台を創り上げていたことは重要です。

これが後の歌舞伎にDNAとして受け継がれて行ったからです。後述するように、女歌舞伎・若衆歌舞伎が風俗を乱したことを理由に、公権力によって禁止され、野郎（前髪を落とした成人の男性）のみが舞台に上がりました（野郎歌舞伎）。そこから男が女を演じる女形や、若衆を演じる若衆方が生まれました。後世、これを苦し紛れの処置と受けとめる向きもありますが、実は阿国が演じた〈倒錯〉のDNAからすれば、女形や若衆方は、まさに願ったりかなったりのお家芸だったのです。明治以降、近代現代になり、女性が舞台に自由に上がれるようになってからも、女形が滅びないのは、そうした力学が働いているからにほかなりません。

三 「女歌舞伎が禁止されて若衆歌舞伎が起こった」は誤り

この阿国歌舞伎が評判を取った後、▼注[2] さまざまな集団が、女性を舞台に乗せて歌舞伎踊りを見せる事になります。これを女歌舞伎と呼びます。その中で遊女を舞台に上げたのを特に遊女歌舞伎と呼びますが、これは演劇を鑑賞するというよりは、好きな遊女を見定める見本市としての役割が大きいものでした。▼注[3] 結果、遊女の取り合いをめぐる喧嘩《けんか》沙汰や、遊女のために散財して破滅する男たちが多く出てきました。それが社会不安を呼び起こしたのです。その為、幕府としては対策に乗り出さざるを得ず、一六二九年、江戸を皮切りに女歌舞伎は禁止されます。

女歌舞伎がすたると、それに代わって歴史の表舞台に出て来たのが若衆歌舞伎です。当時、武家・僧侶を中心に美童を愛玩《あいがん》することが全国的に広がっていました。若衆歌舞伎はその流行に乗り、十代前半の美麗な少年たちが、その肉体美を誇示しながら舞台で踊りました。こうして、女歌舞伎禁止後、若衆歌舞伎は全国的に広がりました。ただ、ここから誤った認識が生まれてしまったのですが、この若衆歌舞伎は、女歌舞伎が禁止されてから起こったものではありません。すでに阿国歌舞伎、女歌舞伎の時代から存在していて、一定の人気を博していたのです。

四　若衆歌舞伎の源流は中世の稚児文化

若衆歌舞伎の源流は、中世の稚児延年《ちごえんねん》や稚児猿楽《さるがく》（稚児舞）といわれます。中世の仏教寺院における稚児崇拝は早くから芸能化していたのですが、それが舞台化したのが能・狂言の稚児の世界です。これが近世になって庶民化し若衆歌舞伎となったのです。阿国歌舞伎と同じ時期、一六〇三年、公家の日記である『時慶卿記《ときよしきょうき》』に、

南都ノ禰宜共参、狂言有之、又小童ノカブキ跳度々有之、獅子舞奇得ノ義也。

（奈良の神社の神官たちが京都にやってきて、狂言を演じた。その中には童たちのカブキ跳《おどり》もたびたびあり、また獅子舞も演じた。実に素晴らしいものであった）

とあります。つまり、

×　阿国（かぶき踊り）→女歌舞伎（禁止）→若衆歌舞伎（禁止）→野郎歌舞伎

ではなくて、

〇　阿国（かぶき踊り）→女歌舞伎（禁止）

稚児舞　↓　若衆踊り　――――↓　若衆歌舞伎（禁止）↓野郎歌舞伎

だったのです。

不思議なことなのですが、今までの歌舞伎の研究書で「×」のようなことを書いてあるものは、ほとんどありません。著名な研究書はすべてが「〇」の視点です。ところが一般に広がったときには「×」になってしまいました。ここには、ノーマルな恋愛とは男女間のもので、男性同士のものはアブノーマルなもの、男女間の代用、間に合わせでしかないという、ホモフォビア（男色蔑視）の心情が働いたとしか考えようがありません。

五　モードとしての野郎帽子

いずれにしても、若衆歌舞伎は大いに流行しました。ところが、これも風俗を乱したという理由で禁止されます。若衆歌舞伎の舞台も、遊女歌舞伎と同様、容色第一で、若衆の品定めの要素が強かったからです。しかし、若衆は男ですから、若衆を取り合う喧嘩は、若衆も兄分も刀を持って戦います。よって壮絶なものとなります。これは遊女歌舞伎の比ではありません。加えて、若衆好きには武士やその棟梁たる大名もたくさん居ました。そこでのトラブルは単なる喧嘩でなく天下の騒乱になる可能性もありました。

そこで幕府は若衆歌舞伎を禁止します（一六五二年）。ところが次の年にも若衆歌舞伎は野郎歌舞伎として復活します。歌舞伎側が、若衆の前髪を剃り、野郎（成人男性）の頭にすること、

図② 「帽子変遷図」

物真似を主体とした狂言（演劇）の要素を強く出すことで、歌舞伎再開の許可を得ます。

若衆の前髪が、若衆やその周囲の人間にとっていかに大切なものであったかは、多くの文献が示すところです。前髪を切って元服するかどうかで、若衆の愛人（念者）と若衆の親との間で騒動になることもしばしばでした。それほどに若衆の美と前髪とは切り離せないものだったのです。その前髪を切り落とすことは若衆歌舞伎にとって大打撃です。

ところが、権力（政治）と芸術の関係というのは面白いですね。特に歌舞伎は庶民芸術でしたから、庶民の逞《たくま》しいパワーが、権力からの介入を逆手に取るといいますか、災い転じて福となすといいますか、若衆の新しい美を生みだしてしまったのです。

前髪を剃った役者たちは、そのままの月代の姿では女や若衆を演じることはできません。そこで月代の上に布を置いたのです。それは急場をしのぐ策だったわけですが、いろいろと改良

されると、前髪以上に色気を発散し、美しさを表現できることがわかりました。これが野郎帽子と呼ばれているものです。

前頁の図②は、『日本演劇史』▼注[4]（伊原敏郎著）に載る帽子の変遷図です。順に、

（イ）女歌舞伎の鬘《かつら》巻　一六二〇年ごろ活躍
（ロ）右近《うこん》源左衛門《げんざえもん》の置手拭《おきてぬぐい》　一六六〇年ごろ活躍
（ハ）山川内記の野郎帽子　一六六〇年ごろ活躍
（ニ）玉川千之丞の玉川帽子　一六五〇～六〇年ごろ活躍
（ホ）伊藤小太夫の野郎帽子　一六六〇年ごろ活躍
（ヘ）水木《みずき》辰之助《たつのすけ》の水木帽子　一六九〇年ごろ活躍

となっています。野郎帽子は一般にはその色から「紫帽子」といいますが、その紫帽子自体は、西鶴が『男色大鑑』の中で「若紫の帽子は世上の野郎定まつての飾り」（巻七の二「女方も為なる土佐日記」）といってますから、西鶴の時代にほぼ定まっていたのでしょうが、図②に載る（へ）の水木辰之助が案出したといわれる紫縮緬《ちりめん》の帽子（図③）をもって一応完成したともいわれます。いずれにしても、辰之助まで、

図③　水木辰之助の紫帽子（月岡芳年『月百姿』［染谷架蔵］）

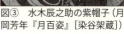

実にさまざまな工夫がなされたことがわかりますね。私は、どれも特徴があってよいと思いますし、（二）の玉川帽子など特に色っぽくて捨てがたいと思いますが、やはり紫帽子にはかなわなかったということでしょうか。

六 『男色大鑑』後半は歌舞伎の激動期

そして、この災い転じて福となすは、野郎歌舞伎にもう一つ大きな新機軸を生みだしました。それは、野郎歌舞伎の時代になって、それまでの単なる美の競演から、物語性、文学性を持った「演劇」へと展開しはじめたことです。

若衆歌舞伎が女歌舞伎と同じように容色第一主義だったとは前に述べましたが、この歌舞伎には女歌舞伎にはない特徴がありました。それは演劇性です。

先にも少し述べたように、若衆歌舞伎の源流となった若衆踊りは能狂言の稚児舞の世界とつながっていました。つまり、若衆歌舞伎の内容とは、能狂言、特に狂言の筋を借りて、そこに美しい若衆たちの歌や踊りを入れるとともに、狂言の持っている演劇性や秀句（言葉遊び）なども取り入れていたといわれます。それはまだまだ未成熟なものでしたが、野郎歌舞伎の時代になり、それが大きく成長したのです。

つまり、野郎歌舞伎は、若衆歌舞伎の持っていた演劇性を前面に出し、武器にすることで再チャレンジを試みたのです。これが見事に成功しました。それがよく表れているのが、役柄が多彩になったことと、はなれ狂言（一場劇）からつづき狂言（多くの場面を持つ劇）への変化です。特に役柄の多彩化は重要です。女歌舞伎は「遊女」、若衆歌舞伎は「若衆」という若者主体の舞台でしたが、野郎歌舞伎になると、若衆方、若女方に加えて、立役（主役）、敵役、道化方、親仁方、花車方などさまざまな役柄が登場しました。そして、年齢の幅が広がり、多彩な世界を舞台に描き出すようになるとともに、役者たちの役者としての寿命も長くなったのです。▼注[5]

この多彩な役柄が登場するのは、西鶴が活躍し『男色大鑑』が出版される少し前、また、つづき狂言が本格化するのは、西鶴が亡くなった後の元禄中後期、また辰之助が紫帽子で人気を博した時代も同じく元禄中後期でした。そうしますと、西鶴の『男色大鑑』全四十章の後半、歌舞伎若衆を描いた二十篇は、こうした歌舞伎が演劇として確立する前の、激動の時代のありさまを描き出したものということができます。西鶴が描き出した歌舞伎の世界、若衆方・若女方の世界が実に活き活きとして躍動感にあふれているのは、まさにそうした時代背景があったからなのです。

七　『男色大鑑』登場の役者たちは、いつ活躍したのか

なお最後に、『男色大鑑』後半の巻五〜巻八に登場する代表する役者たちの活躍した時期を一覧表にしておきましょう（233ページ）。

こうしてみると、『男色大鑑』に登場する役者たちとは、若衆歌舞伎が禁止され、野郎歌舞

伎が登場した時期から、貞享四年（一六八七）の『男色大鑑』出版の直前までに活躍した者たちであったことがわかります。また、巻五から巻八に行くにしたがって、およそ時代順に取り上げられていることもわかりますね。『男色大鑑』後半の四巻は、西鶴のすぐ目の前で繰り広げられていた華奢・凄艶な世界だったのです。

▼注

［1］「歌舞伎」の表記が主に明治以降のものであることはよく知られている。本来なら「かぶき」「歌舞妓」等、書き分ける必要があるが、すべて「歌舞伎」で統一した。

［2］阿国歌舞伎が地方巡業に出た後、その間隙を縫う形で都市に登場したといわれる。

［3］阿国の歌舞伎はかなり高度なもので、貴族や上流の武士にも愛好されたといわれるが、遊女歌舞伎の観客は庶民が多く、そのため技芸よりは容色第一になったといわれる。

［4］『日本演劇史』伊原敏郎著、早稲田大学出版部、明治三七年刊

［5］若衆方は野郎歌舞伎がスタートしたときには、若衆と若女（娘）の両方を演じるものだったといわれる。後に若衆方と若女方に分かれ、延宝期（一六七三〜一六八一年）に分化した。

歌舞伎役者（代表的）の活躍時期一覧

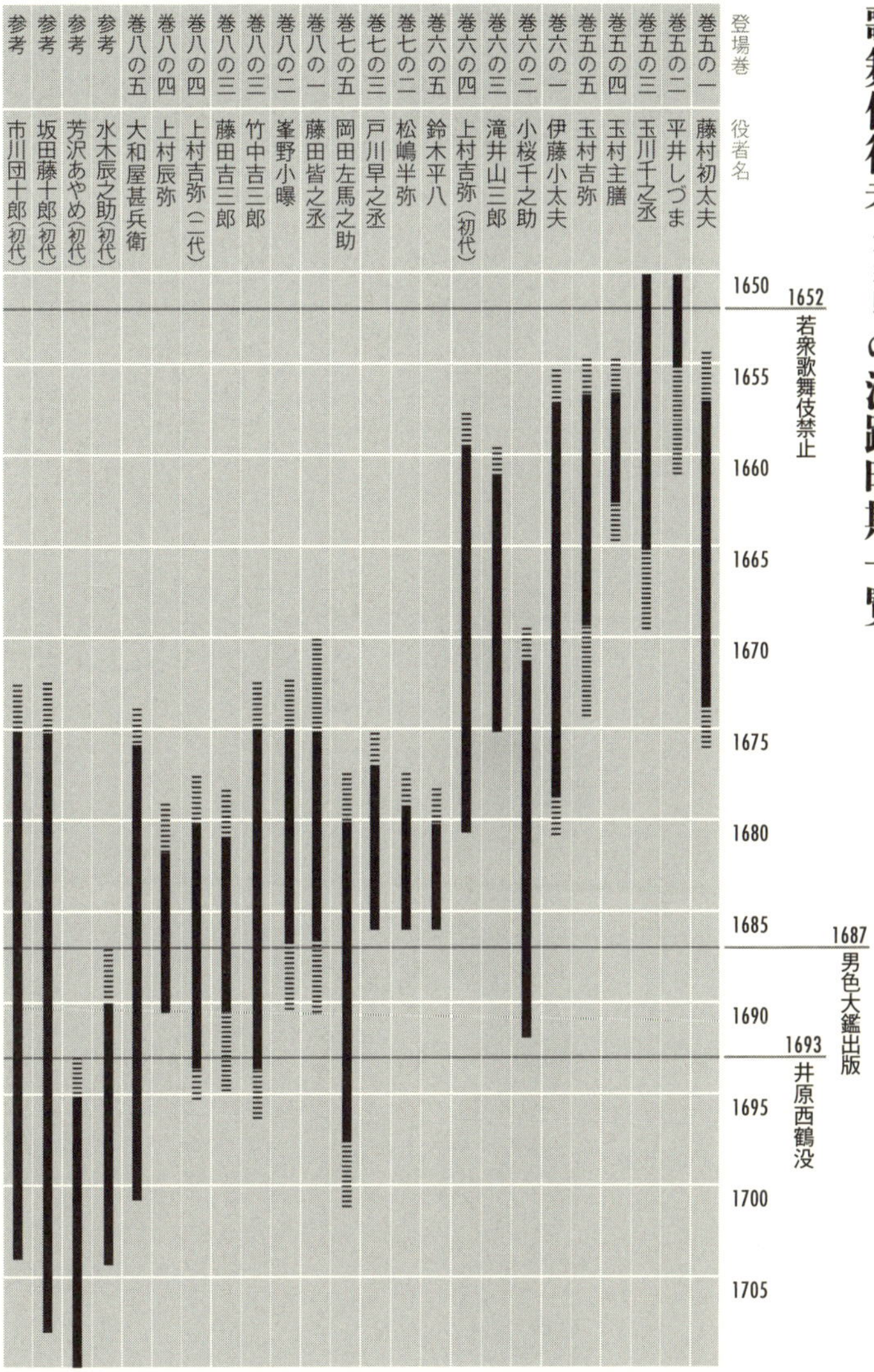

歌舞伎役者の役柄説明

立役◆たちやく
劇の中心となる役柄で、善人で立派な男を意味する役柄。本来は地方《じかた》（座って演奏等をする）に対して立って演技をする「演技者」の意であったが、その後、女・子供をのぞく男だけを対象にし、敵役を外すなどして上述のような役柄に定着した。

敵役◆かたきやく
敵役《てきやく》とも。立役に対抗する悪人の役柄。または、それを専門に演じる役者のこと。元禄期には悪人方、悪方《いやがた》とも言っていた。時代が下ると分化し、実悪《じつあく》（悪人中の悪人）、公家悪《くげあく》（身分の高い公家の悪人）、色悪《いろあく》（美男の悪人）などが生まれた。

女方／女形◆おんながた
女性役の総称。または、それを専門に演じる役者のこと。「おやま」とも言う。寛永年間（一六二九年ごろ）に女歌舞伎が禁止された後、女が舞台に上がれなくなると、能の伝統に従うなどして男が女の役をつとめた。

若女方◆わかおんながた
女方でも比較的若い女性の役、たとえば、姫、娘、遊女、芸者などをつとめた。

花車方◆かしゃがた
女方でも比較的年齢の高い女性の役、たとえば、奥方、女房、奥女中、老女などをつとめた。

若衆方◆わかしゅがた
美形の少年の役柄。若女方と並んで、若衆歌舞伎、野郎歌舞伎時代における歌舞伎の花形の役柄であった。

道化方◆どうけがた
道化を専門に演じる役柄。『男色大鑑』巻五の五の挿絵や、巻七の五に登場する南北三ぶのように、初期の歌舞伎に登場し、活躍したが、時代がくだるにつれて脇役的存在になった。

親仁方◆おやじがた
老け役のこと。親方とも言う。初期の歌舞伎には専門職だったが、時代がくだるにつれて、立役や敵役が兼ねるようになった。

（染谷智幸）

＊なお、西鶴当時の歌舞伎評判記には、若女方、若衆方、立役、敵役、道化方、花車方、親仁方の順に評判するものも多くある。若女方、若衆方が歌舞伎の花形であった証拠であろう。

当時の舞台はどんな構造？

解説（「若衆を知らずして歌舞伎を語るなかれ」染谷）にも書いた通り、西鶴が活躍した時代の歌舞伎の劇場は、「劇場」でなく「小屋」であった。

大阪の歌舞伎小屋は京都や江戸に比べると立派であったと想像されるが、それでも「小屋」に変わりはなかった。

歌舞伎小屋は若衆歌舞伎が、能狂言の狂言を利用したことからもわかるように、能舞台を模倣していたと思われる。舞台正面に本舞台が張り出し、左に橋掛《はしが》かりがある構造である。西鶴の時代もほぼ変わらなかったであろう（図①参照）。特徴的なのは、土間の上には屋根がなく（すでに土間の上に屋根があったと見る研究もある）、まだ花道もなかった。

図②の一七四〇年以降の劇場と比較すればその違いがはっきりとわかる。元禄時代というと華やかな印象があるが、まだまだ素朴なものであった。ただ、その素朴さは、また役者と観客の近さを示すものであったことを忘れてはならない。『男色大鑑』後半に描かれる歌舞伎役者と観客たち（むろん西鶴も含む）の親密なやりとりは、そうした素朴な小屋だからこそ起きたのである。

後年に作られた花道は、こうした工夫・仕組みを施さなくてはならないほど、役者と観客の間に距離が生まれていたことを示すのである。

（染谷智幸）

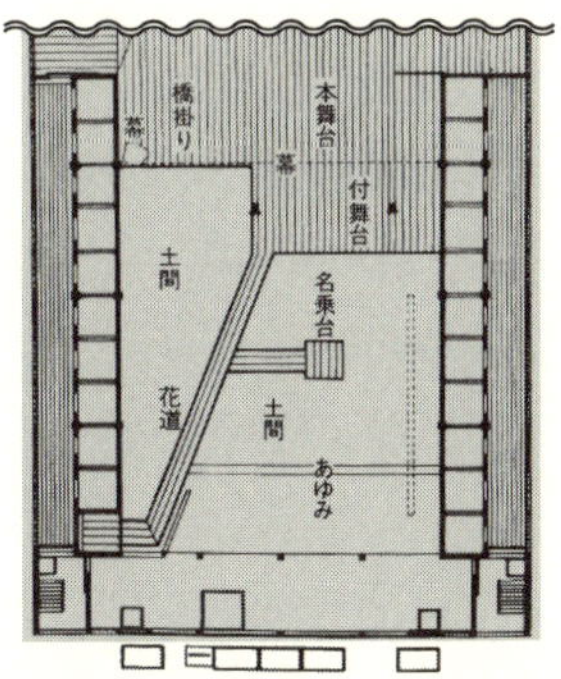

図②　元文（1740年）頃（部分図）

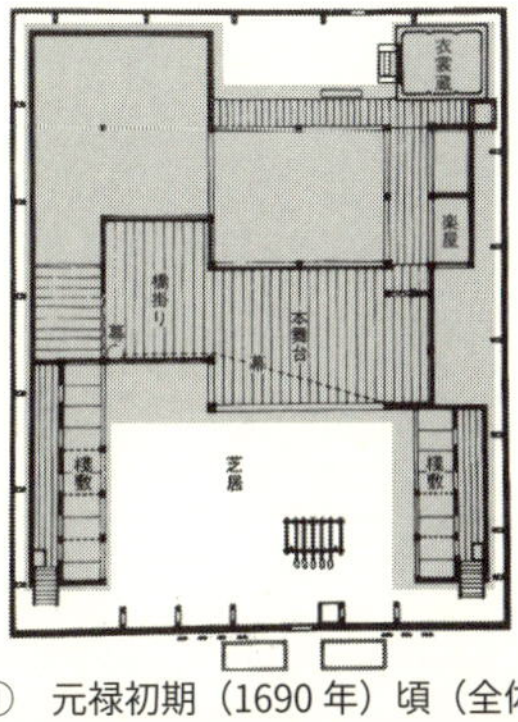

図①　元禄初期（1690年）頃（全体図）

※あみかけ部分には屋根がある。『歌舞伎辞典』より

西鶴当時の歌舞伎が体感できる！

京都図

①東洞院通
②三条大橋
③穴奥（こっぽり）
④八坂神社
⑤祇園町
⑥石垣町
（『男色大鑑』によく登場する大鶴屋があった）
⑦宮川町
⑧五条大橋
⑨清水寺
⑩方広寺
⑪新熊野神社

［注］地図で示した地点はおおよその場所である。

春日上通
神宮丸太町
丸太町通
187
三本木町
四丁目
下御霊前町
少将井町
絹屋町
久遠院前町
冷泉通
新生洲町
東九軒町
要法寺前町
新町通
烏丸通
杉屋町
妙満寺前町
二条通
寺町通
孫橋町
虎石町
御池通
円福寺町
東大路通
法林寺門前町
役行者町
三条通
三条
若松通
花見小路通
南木之
烏帽子屋町
新五軒町
稲荷町
七観音町
河原町通
川端通
元本能寺南町
四条通
143
河原町
祇園四条
四条
高辻通
毘沙門町
西洞院通
玉水町
清水五条
五条通
9
19
18
五条
六条通
花屋町通
河原町通
東音羽町
渋谷通
堀川通
七条
七条通
113
本町通
塩小路通
日吉南道
JR東海道本線
京都
八条通
24
今熊野池田町
醍醐道
近鉄京都
油小路通
泉涌寺五葉ノ辻町
東寺道

この地図を持って大阪を歩こう！

大阪図

①天満川

②上町

③畳屋町
（歌舞伎役者の居住地）

④三津寺八幡

⑤戎橋

⑥太左衛門橋

⑦千日寺

⑧鉄眼寺

⑨四天王寺

⑩安治川口

⑪日本橋

⑫道頓堀

［注］地図で示した地点はおおよその場所である。

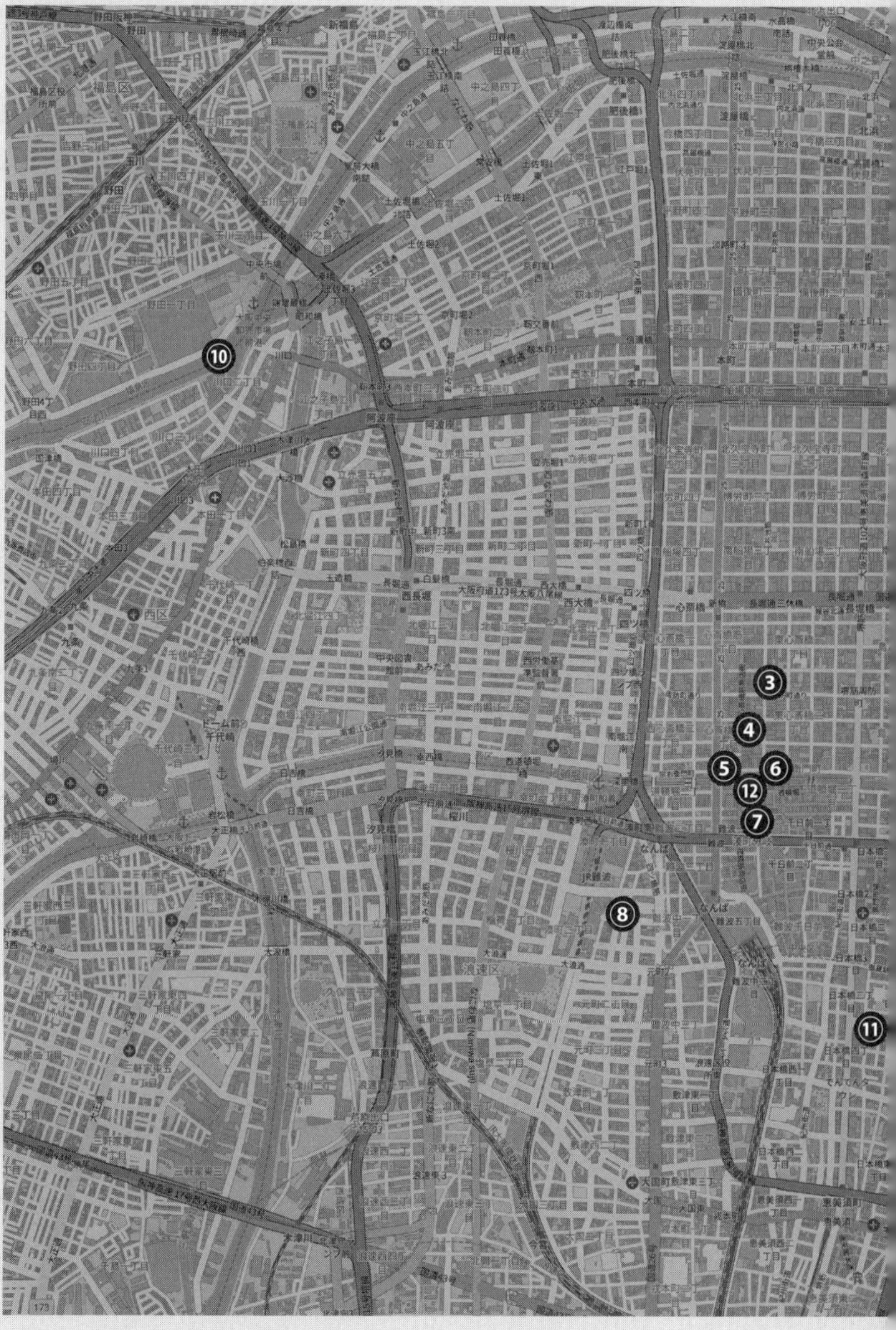
10
3
4
5
6
12
7
8
11
西区
浪速区
なんば

あとがき——若衆、それは寿命を延ばす薬…………畑中千晶

「役者遊びに使う金銀は……寿命を延ばすための薬代」。これは、最終話（巻八の五）に出てくる言葉である。結局のところ、西鶴が本作で最も強調したかったことは、これに尽きるのではないか。現代を生きる我々の中にも、心吸い寄せられた何か——例えば、自分の好きなアーティストやその作品——に時間と金を惜しみなく注ぎ込んでいる者は多い。そうした行為は、ファンでない人には、単なる時間のムダ、あるいは散財にしか見えないだろう。だが、当人にとっては、何ものにも代えがたい至福を手に入れる瞬間であり、身震いするほどの感動が押し寄せて、傷を負った心は慰撫《いぶ》され、全身の細胞が蘇《よみがえ》り、時には本当に寿命だって延びるだろう。

この『男色大鑑〈歌舞伎若衆編〉』で西鶴が捉《とら》えようとしているのは、まさにその感覚である。歌舞伎役者にのめりこみ、ほとんど魂を吸い取られた状態。そして、好みを共有する者らとともに過ごす時間の楽しさ。酒を酌み交わし、時には小旅行にまで出かけてしまう。その楽しさを、この書を手にしたあなたとも分かち合いたい……そんな空気が伝わってくる。

役者ファンブックの自主制作

しかし、ファン心理とは、なかなかに複雑なものである。「公式」（＝好きなアーティスト本人）から遠く離れたところに身を置き、「公式」に認識されることなく（もしくは黙認という形でひっそりと存在し）、創作の中だけで熱烈な思いを目一杯表現したい。そんなファン心理も存在する。「公式」が介入してくることを煙た

がる心境である。なんと西鶴は、こうした複雑なファン心理についても、作品のなかで採り上げているのだ（巻五の三）。気ままな野宿生活をしつつ、好きな役者のファンブック（しかも全四巻の大作、この歌舞伎若衆編に匹敵する分量）を自主製作していた男と、その役者本人との、ある種の「対決」が描かれていく。「公式」が「突撃」していった先に、どのような結末が待っているのか。それはぜひこの話を読んで確かめていただきたい。

敏腕プロデューサー

では、そうしたファン心理を煽《あお》り、商業的な成功を仕掛けていく興行主《こうぎょうぬし》とは、どのような人なのだろうか。最終話（巻八の五）に登場する大和屋甚兵衛がまさにその代表格である。彼自身、看板役者であり、一座を切り盛りし、西鶴の俳諧《はいかい》の弟子として連句も巻く▼注[1]マルチタレントである。また、女性に非常にモテたことで有名である。この甚兵衛は、次代を担う歌舞伎若衆の育成に尽力していたが、人材発掘は容易ではなかったようだ。少年の外見は、磨き立てればそれなりに美しくなる。しかし、芸と心を磨くのは並大抵のことではない。しかも、せっかく良い若衆を見つけたと思っていても、思いのほか早死にして使いものにならない、などということがある。ちなみに、巻七の三に登場する戸川早之丞（借金苦から自害）は、この大和屋甚兵衛が抱えていた役者である。実に見事な潔い死に様《ざま》を見せたことで、末永く記憶に刻まれる若衆になったと作中では称賛されているが、甚兵衛の視点で考えるなら、まさに「早死にして使いものにならない」若衆にほかならない。喩《たと》えるなら、甚兵衛は、何百人もの美少年アイドルを育成する敏腕プロデューサーといったところか。

役者遊びの世界

この、欲望渦巻く役者遊びの世界は、実に多くの人々に支えられている。若衆を揚《あ》げての宴席に欠かせないのが太鼓持ちだ。座が白けぬよう、次々と笑いの種を提供する。笑いは残酷さと紙一重、時にプライドもズタズタになる。そうした太鼓持ちの悲哀がありありと描かれていく（巻七の一）。また、酔いつぶれても客商売は忘れない茶屋の亭主も印象的だ（巻八の三）。若衆自身もまた、悲哀や苦労をさまざま味わっている。思いやりのない無粋な男に自由にされる悲哀（巻七の一）、年齢を偽って若作りする苦労など（巻七の四）、まさに「歌舞伎若衆あるある」といったところだ。

では、茶屋に若衆を揚げて遊ぶ大尽客（豪遊する客）は、心の底から満足を得ているのだろうか。実は湯水のごとく金をばらまいても、仮初《かりそ》めの恋の儚《はかな》さから逃《のが》れることはできない。嘘の中から真《まこと》を見極めようと焦るあまり、結局は若衆の手管《てくだ》に踊らされることになる。要するにいずれの立場にいる者も、悲哀や不安、焦りなどに苛《さいな》まれつつ、それでも見かけだけは派手に、一夜の夢を盛り上げていくというのが、若衆遊びの世界なのである。

さらに、そうした派手な遊びに一生縁がなく、茶屋の外から若衆に恋焦がれたまま、思いを遂げずに落命する哀れな法師も登場する（巻七の一）。この法師には、死後、魂となって若衆と睦み合うという結末が用意されていて、その切なさが胸を打つ。

熱狂する心と、取り巻く人々

実は、本作を彩るのは、そうしたファン、役者、プロデューサーだけではない。歌舞伎若衆に魂を吸い取られて、絶命寸前となった我が子や夫に心痛め、その最期の願いをなんとか叶えてやろうと奮闘する家族の姿も、印象深く描き留められている。役者に惚れて衰弱した娘に引き合わせるため、一世一代の大嘘をつく、ケチの権化《ごんげ》のような無風流《ぶふうりゅう》な老人(巻五の二)。夫が役者に熱狂するあまり命を落としそうだと茶屋の人々に打ち明け、役者の衣装を譲り受けて、死の床にある夫の手に触れさせる妻の健気《けなげ》さ(巻六の一)。もはや、女である我が身も、妻の座も顧みることなく、若衆に寄せる夫の恋心だけを叶えようとするその姿は、男と男の恋の行方を、固唾《かたず》を呑んで見守る現代の腐女子に、どこか重なるように見えるというのは、いささか深読みに過ぎるだろうか。

「推し」という言葉が生まれるよりはるか昔の時代にも、熱狂する心と、それを取り巻く人々の姿は存在した。そこに共感しながらこの歌舞伎若衆編を繙《ひもと》くとき、新たな発見がもたらされるに違いない。

＊＊＊

『男色大鑑』は、全八巻四十話（武士編四巻二十話、歌舞伎若衆編四巻二十話）で構成されています。武家若衆の話と歌舞伎若衆の話がほぼ同等の分量であること自体に、実は西鶴からの重要なメッセージが隠されていると考えることもできます（これについてはすでに、KADOKAWAの『男色大鑑』解説に記しました）。

この現代語訳は、『武士編』と『歌舞伎若衆編』で完結です。しかし、まだまだ解き明かしきれずに残った問題点が多いことも確かです。今後、全注釈などに取り組むなかで、それらの問題と向き合っていきたいと考えています。

［注1］連句とは、五七五の長句と七七の短句を、一定の規則に従って交互に付けていく、座の文芸（複数人で集まって執り行うのが一般的だが、一人で巻く「独吟《どくぎん》」もある）。西鶴は、俳諧師として人々の前で独吟を驚異的なスピードで披露し、他の追随を許さなかった。

執筆者プロフィール　付・担当箇所

河合眞澄（かわい・ますみ）
コラム
大阪府立大学名誉教授。『近世文学の交流―演劇と小説―』（清文堂、二〇〇〇年）、『上方狂言本　八』（共著、古典文庫、一九七一年）、新日本古典文学大系『上方歌舞伎集』（共著、岩波書店、一九九八年）など。

佐藤智子（さとう・さとこ）
［訳］巻5の4、巻6の3
東京都公立小学校教諭。「研究史を知る『武道伝来記』」『西鶴と浮世草子研究』第三号（笠間書院、二〇一〇年）、『「むだ」と「うがち」の江戸絵本　黄表紙名作選』（校注・解説、小池正胤著、笠間書院、二〇一一年）、「小学校における草双紙作品の教材活用について（その一）～（その四）」（『叢　草双紙の翻刻と研究』第三七号、二〇一六年二月～第三九号、二〇一九年二月）など。

杉本紀子（すぎもと・のりこ）
［訳］巻6の1、巻6の2
東京学芸大学附属国際中等教育学校主幹教諭。『「むだ」と「うがち」の江戸絵本　黄表紙名作選』（校注・解説、小池正胤著、笠間書院、二〇一一年）、『国語教師のための国際バカロレア入門―授業づくりの視点と実践報告』（半田淳子編著、大修館書店、二〇一七年）（第2章④解説）、「国立国会図書館蔵　黄表紙『王子長者』について」（『叢　草双紙の翻刻と研究』第三九号、二〇一八年二月）など。

染谷智幸→奥付参照［訳］巻5の1、巻6の4・5、巻8の1
畑中千晶→奥付参照［訳］巻5の2・3、巻7の1、巻8の5

濵口順一（はまぐち・じゅんいち）
［訳］巻5の5、巻7の4・5
男色文学研究家・博士（日本文化）。「野傾物の発生と消滅―江島其磧の作品を中心に」（『日本文学』五二巻六号、二〇〇三年六月）、「『男色子鑑』と『男色大鑑』―山八と西鶴を巡って―」（『解釈』五〇巻九・一〇号、二〇〇四年一〇月）など。

浜田泰彦（はまだ・やすひこ）
［訳］巻8の2・3
佛教大学准教授。『三弥井古典文庫　武家義理物語』（共著、三弥井書店、二〇一八年）、「『色里三所世帯』の再検討―「天子」を真似る外右衛門―」（『鯉城往来』第一九号、二〇一六年一二月）、「見物左衛門とその子孫たち―狂言から黄表紙・歌舞伎へ―」（『京都語文』第二六号、二〇一八年一一月）など。

早川由美（はやかわ・ゆみ）
［訳］巻8の4

奈良女子大学博士研究員・愛知淑徳大学非常勤講師。『西鶴考究』（おうふう、二〇〇八年）、『〈江戸怪談を読む〉猫の怪』（共著、白澤社、二〇一七年）、『〈奇〉と〈妙〉の江戸文学事典』（項目執筆、長島弘明編、文学通信、二〇一九年）など。

松村美奈（まつむら・みな）
[訳] 巻7の2・3
愛知教育大学・愛知大学非常勤講師。西鶴研究会編『気楽に江戸奇談！RE：STORY　井原西鶴』（共著、笠間書院、二〇一八年）、『仮名草子集成　第五三巻』（共著、東京堂出版、二〇一五年）、「『和漢乗合船』典拠考―運敞著『（正続）寂照堂谷響集』との関係から」（『日本文学』六二巻三号、二〇一三年三月）など。

あんどうれい
[イラスト] 巻6の2・巻7の5
SNSに江戸を舞台にした、江戸こぼれ話BL漫画「エドと右京」を投稿。『男色大鑑―無惨編―』（KADOKAWA）など。

大竹直子（おおたけ・なおこ）
[イラスト] 巻6の5・巻8の4
漫画家。一九九三年、角川書店よりデビュー。主に日本の歴史・時代物を中心に執筆。著書に「白の無言」（竹書房）「写楽（原作／皆川博子）」「源平紅雪綺譚」「秘すれば花」「しのぶれど」「百々之助☆変化」「阿修羅の契」（小池書院）など。

九州男児／**松山花子**（きゅうしゅうだんじ／まつやまはなこ）
[イラスト] 巻5の3・巻5の4
主要作品に、『課長の恋』（ビブロス、リブレ出版）、『ネコ侍』（日本文芸社）、『ヨメヌスビト』（オークラ出版）、男色大鑑翻案漫画『男色大鑑 改』電子配信連載中（光文社）など。

こふで
[イラスト] 巻5の1・巻7の2
プランタン出版『Canna』vol.57にて読み切り「春はまだ交わらない」で商業デビュー。二〇一八年五月から本格的に漫画、絵の仕事を開始。江戸をメインジャンルとして商業誌を中心に活動中。双葉社『comic marginal』にて「べな」を連載中。

紗久楽さわ（さくら・さわ）
[イラスト] 巻5の5・巻6の4
江戸BL漫画「百と卍」（祥伝社）連載中。同作が『このBLがやばい！2018年度（宙出版）』第一位、『ちるちるBLアワード2018』次に来るBL部門第一位。二〇一九年文化庁メディア芸術祭漫画部門優秀賞。代表作はNHK木曜時代劇化作品・畠中恵原作『まんまこと』コミカライズ（秋田書店）、『かぶき伊左』（KADOKAWA／エンターブレイン）。

全訳 男色大鑑《なんしょくおおかがみ》〈歌舞伎若衆編〉

2019（令和1）年10月21日　第1版第1刷発行

ISBN978-4-909658-04-3 C0095

編者

染谷智幸（そめや・ともゆき）

茨城キリスト教大学教授。『西鶴小説論―対照的構造と〈東アジア〉への視界』（翰林書房、2005年）、染谷智幸／畑中千晶編『男色を描く　西鶴のＢＬコミカライズとアジアの〈性〉』（勉誠出版、2017年）、西鶴研究会編『気楽に江戸奇談！ RE: STORY井原西鶴』（笠間書院、2018年）、『日本永代蔵 全訳注』（講談社学術文庫、2018年）など。

畑中千晶（はたなか・ちあき）

敬愛大学教授。『鏡にうつった西鶴　翻訳から新たな読みへ』（おうふう、2009年）、KADOKAWA『男色大鑑』（B's-LOVEY COMICS）の解説（2016年）、染谷智幸／畑中千晶編『男色を描く　西鶴のＢＬコミカライズとアジアの〈性〉』（勉誠出版、2017年）、寺田澄江／加藤昌嘉／畑中千晶／緑川眞知子編『源氏物語を書きかえる　翻訳・注釈・翻案』（青簡社、2018年）など。

執筆者

河合眞澄、佐藤智子、杉本紀子、染谷智幸、畑中千晶、濵口順一、浜田泰彦、早川由美、松村美奈、あんどうれい、大竹直子、九州男児、こふで、紗久楽さわ

校正

坂東（丸尾）実子

発行所　株式会社 **文学通信**

〒170-0002　東京都豊島区巣鴨1-35-6-201

電話 03-5939-9027 Fax 03-5939-9094 メール info@bungaku-report.com ウェブ http://bungaku-report.com

発行人　岡田圭介
編　集　岡田圭介、西内友美
装　丁　岡田圭介
組　版　岡田圭介、西内友美
印刷・製本　モリモト印刷

■ご意見・ご感想は右から送ることもできます（QR コードをスマホで読み取ってください）。

※乱丁・落丁本はお取り替えいたしますので、ご一報ください。書影は自由にお使いください。